SVEND BRINKMANN

PFEIF DRAUF!

SCHLUSS MIT DEM SELBSTOPTIMIERUNGSWAHN

Aus dem Dänischen
von Andreas Brunstermann

Die dänische Originalausgabe erschien 2014 unter dem Titel
»Stå fast. Et opgør med tidens udviklingstvang« bei Gyldendal.

Besuchen Sie uns im Internet:
www.knaur.de

© 2014 Svend Brinkmann & Gyldendal, Copenhagen;
published by agreement with Gyldendal Agency
© 2018 der deutschsprachigen Ausgabe Knaur Verlag
Ein Imprint der Verlagsgruppe
Droemer Knaur GmbH & Co. KG, München
Alle Rechte vorbehalten. Das Werk darf – auch teilweise – nur mit
Genehmigung des Verlags wiedergegeben werden.
Übersetzung: Andreas Brunstermann, Berlin
Redaktion: Dr. Ulrich Steinmetzger, Halle
Covergestaltung: Kathrin Keienburg-Rees, Freiburg
Coverabbildung: Kathrin Keienburg-Rees, Freiburg
Satz: Adobe InDesign im Verlag
Druck und Bindung: CPI books GmbH, Leck
ISBN 978-3-426-21440-4

2 4 5 3 1

INHALT

VORWORT

Am laufenden Band erscheinen zahlreiche Bücher über Selbstentfaltung, Selbstoptimierung und Selbstverwirklichung. Tausende sogenannter Selbsthilfebücher werden jedes Jahr über die Verkaufstresen der Buchhändler gereicht, und auch in Arbeits- und Ausbildungszusammenhängen ist die Philosophie der Selbstentwicklung allgegenwärtig.[1] Unser Leben ist von permanenten Umstellungen und Veränderungen geprägt, wobei Heerscharen von Coaches, Therapeuten und Lifestyle-Beratern bemüht sind, uns den rechten Weg zu weisen. Dieses Buch versucht, eine Gegenposition – und Alternative – zu dieser Kultur der Selbstoptimierung zu formulieren. Anders ausgedrückt, geht es dabei nicht darum, wie man sich weiterentwickelt, sondern darum, wie man standhaft bleibt. Das Buch handelt nicht davon, wie man sich selbst findet, sondern davon, wie man sich mit sich selbst abfindet. Es empfiehlt in erster Linie kein positives Denken, sondern negatives Denken. Und es leitet seine Thesen nicht von modernen, populären Philosophien wie etwa *Die 7 Wege zur Effektivität*, spirituellen Lehren oder der Theorie U ab, sondern von der nüchternen (aber niemals langweiligen) Philosophie des Stoizismus, die im antiken Rom sowohl von einem Sklaven (Epiktet) als auch von einem Kaiser (Marcus Aurelius) in Worte gefasst wurde. Die Idee mag vielleicht im ersten Moment seltsam erscheinen, aber ich verspreche: Sie ergibt Sinn.

EINFÜHRUNG –
DAS LEBEN AUF DER ÜBERHOLSPUR

Heutzutage erleben viele von uns, dass alles immer schneller und schneller geht. Die Geschwindigkeit des Lebens scheint ständig zuzunehmen. Mehr oder weniger kontinuierlich müssen wir uns mit neuen Technologien, permanenten Umstrukturierungen und ständig wechselnden Trends bei Themen wie Ernährung, Mode oder Lifestyle auseinandersetzen. Hat man sich erst vor kurzem ein Smartphone zugelegt, vergeht nicht viel Zeit, bis es gegen ein anderes Modell ausgetauscht werden muss, das mit den neuesten Apps kompatibel ist. Kaum hat man sich am Arbeitsplatz an das aktuelle IT-System gewöhnt, wird eine neue Version eingeführt, und sobald man es geschafft hat, die lästigen Kollegen zu akzeptieren, werden organisatorische Veränderungen vorgenommen, und man muss in einem neuen Team arbeiten und mit neuen Menschen zurechtkommen. Wir leben in lernenden Organisationen, in denen konstante Veränderung das einzig Stabile ist und Sicherheit allenfalls darin besteht, dass das, was wir gestern gelernt haben, schon morgen wieder veraltet ist. Lebenslanges Lernen und permanente Erweiterung eigener Kompetenzen sind somit zu Schlüsselbegriffen geworden, um die Ausbildungssysteme, Firmen und Organisationen kreisen.

Einige Sozialwissenschaftler beschreiben unsere Gegenwart als »Flüchtige Moderne«[2], in der alles ständiger Veränderung unterliegt. Nicht zuletzt wird *Zeit* als flüchtig wahrgenommen. Man könnte auch sagen, wir erleben, dass alles – wir eingeschlossen – dahintreibt, dass alle Grenzen aufgehoben sind. Warum das so ist, vermag niemand zu sagen. Ebenso wenig lässt sich beantworten, wohin wir getrieben werden. Allerdings wird häufig behauptet, die Globalisierung – oder eigentlich »die mit der Globalisierung einhergehende Bedrohung« – sei dafür verantwortlich, dass wir uns auf permanente Veränderung einstellen müssten. Unternehmen seien gezwungen, sich den ständig verändernden Wünschen und Anforderungen des Marktes anzupassen, weswegen die Angestellten flexibel und anpassungsfähig sein sollen. Seit etwa zwei Jahrzehnten lautet daher die reichlich abgedroschene Phrase in Stellenanzeigen: »Gesucht wird ein/-e Mitarbeiter/-in, der/die flexibel und veränderungsbereit ist und Offenheit gegenüber fachlicher und persönlicher Weiterentwicklung mitbringt.« Das Schlimmste, was man also tun kann, ist stillzustehen. Denn wenn man stillsteht, während alle anderen sich vorwärtsbewegen, fällt man zurück. Stehenbleiben, wo man sich befindet, ist heutzutage gleichbedeutend mit Rückwärtsgewandtheit.

In dieser flüchtigen Moderne, die auch unter Bezeichnungen wie flexibler Kapitalismus, Post-Fordismus oder Konsumgesellschaft bekannt ist, muss das Individuum in erster Linie *am Ball bleiben*.[3] Doch in einer Kultur, in der die Geschwindigkeit aller Dinge konstant zunimmt, wird es immer schwieriger, dieser Anforderung gerecht zu werden. Das Tempo, mit dem wir uns durch das Leben bewegen und in dem wir Dinge tun (den Arbeitsplatz wechseln, eine Aufgabe lösen, Essen zubereiten usw.), hat sich im Laufe der letzten Jahre ständig erhöht. Als Beispiel sei hier angemerkt, dass wir mittlerweile durchschnittlich eine halbe Stunde weniger schlafen als noch Ende der 1970er Jahre und sogar bis zu zwei Stunden weniger als am Ende des 19. Jahrhunderts.[4] Fast alle Aspekte unseres Daseins sind von einer Erhöhung der Geschwindigkeit betroffen, und nicht von ungefähr sprechen wir von Fastfood, Speed-Dating, Powernaps oder Kurztherapie. Erst neulich habe ich eine App (namens Spitz) ausprobiert, mit Hilfe derer sich durch die clevere Darstellung eines einzelnen Wortes unsere Lesegeschwindigkeit von circa 250 Wörtern pro Minute auf 500 bis 600 Wörter erhöhen lässt. Plötzlich kann man einen Roman in zwei Stunden lesen! Aber führt diese quantitative Erhöhung der Geschwindigkeit tatsächlich zu einem qualitativ besseren Verständnis von Literatur? Wieso ist Geschwindigkeit zu einem Ziel an sich geworden?

Kritiker dieser immer weiter um sich greifenden Entwicklung verweisen darauf, dass die Geschwindigkeitszunahme zu einer allgemeinen Entfremdung von unseren Erlebnissen sowie einem Gefühl permanenter Zeitknappheit führt. Die technologischen Innovationen sollten uns eigentlich mehr Zeit verschaffen – so dass wir Fußball mit unseren Kindern spielen, einen Keramikkurs besuchen oder mit unseren Freunden über Politik diskutieren können. Tatsächlich geschieht jedoch das Gegenteil, wenn wir die freigeschaufelte Zeit (etwa, wenn wir Fließbänder zum Einsatz kommen lassen oder indem Routineaufgaben neuen Technologien überlassen oder in die Dritte Welt outgesourct werden) in immer mehr Projekte einfließen lassen, mit denen wir unsere ohnehin schon überbuchten Terminkalender füllen. In einer säkularisierten Gesellschaft können wir nicht mehr auf einen ewigen paradiesischen Zustand im Jenseits hoffen, stattdessen versuchen wir, so viel wie möglich in unser immer noch relativ kurzes Leben hineinzustopfen. Sein Leben auf diese Weise anzureichern ist natürlich ein von Verzweiflung getriebenes Projekt, das zum Scheitern verurteilt bleibt. Somit liegt es geradezu auf der Hand, die massive Ausbreitung von Depressionen und Burn-out-Syndromen in unserer Zeit als eine Reaktion des Individuums auf die Unerträglichkeit der permanenten Beschleunigung zu deuten. Das sich verlangsamende Individuum, das eher einen Gang herunterschaltet – und vielleicht sogar völlig stillsteht –, erscheint in einer manisch anmutenden Optimierungskultur deplaziert und wird schnell als krank (depressiv)[5] betrachtet.

Wie versucht man nun, am Ball zu bleiben, wenn sich die Erde immer schneller dreht? Am Ball zu bleiben beinhaltet, dass man sich permanent auf Weiterentwicklung einstellen muss. Das betrifft nicht nur die fachliche Entwicklung im Zusammenhang mit unserem Arbeitsleben – Skeptiker bezeichnen das lebenslange Lernen mitunter als »Lernprozess bis zum Tod« (und viele erleben die ewigen, von wohlmeinenden Beratern durchgeführten Fortbildungskurse als eine wahre Plage, womöglich sogar als eine Form des Fegefeuers?) –, auch die persönliche Weiterentwicklung ist gefordert. In modernen, lernenden Organisationen mit flachen Hierarchiestrukturen, Aufgabendelegation, selbststeuernden Teams und einer diffusen oder nicht existierenden Trennung zwischen Arbeits- und Privatleben sind insbesondere persönliche, soziale, emotionale und lernorientierte Kompetenzen äußerst gefragt. Werden Aufgaben nicht unmittelbar und auf eindeutige Weise von einem autoritär agierenden Chef erteilt, muss man selbst in der Lage sein, mit anderen zu verhandeln, zusammenzuarbeiten und zu erspüren, ob die Dinge richtig laufen. Der ideale Mitarbeiter betrachtet sich heutzutage selbst als jemand, der über ein breites Spektrum an Kompetenzen verfügt, für deren Überwachung, Entwicklung und Optimierung er auch selbst verantwortlich ist. Zahlreiche menschliche Interaktionsformen und Gepflogenheiten, die in früheren Zeiten im Privaten verortet waren, sind innerhalb von Organisationen und Unternehmen zu Werkzeugen geworden, welche die permanente Entwicklung der Mitarbeiter gewährleisten sollen. Gefühle und persönliche Eigenschaften werden instrumentalisiert. Kann man dies nicht verkraften – wird man zu langsam, mangelt es einem an Energie, oder bricht man sogar zusammen –, werden Gegenmaßnahmen wie Coaching, Stressbewältigung, Achtsamkeit und positives Denken eingeleitet. »Lerne, im Hier und Jetzt zu sein«, lautet die Botschaft. Allerdings kann man die Orientierung und das Gefühl für Zeit schnell verlieren, wenn sich alles immer weiter beschleunigt. Der Vergangenheit verhaftet zu sein wird als rückständig aufgefasst, wobei die Zukunft nur als eine Reihe von imaginierten und unzusammenhängenden Augenblicken existiert und nicht als überschaubarer und kohärenter Lebensverlauf wahrgenommen wird. Wer kann heute tatsächlich noch langfristig planen, wenn die Welt derart auf Kurzfristigkeit fokussiert ist? *Sollte* man überhaupt langfristige Planungen anstreben? Wozu sollte man sich darüber Gedanken machen, wenn doch ohnehin alles in ständiger Veränderung begriffen ist? Hinzu kommt: Hält man an langfristig ausgerichteten Idealen, an stabilen Zielen und Werten fest, gilt dies als Ausdruck für Rückwärtsgewandtheit und mangelnde Flexibilität, man leistet also »Widerstand gegen Veränderung«, wie Berater und Konsulenten es nennen würden. »Denke positiv und arbeite lösungsorientiert«, heißt es dann oft, weil wir nun einmal keine Wehleidigkeit ertragen und keine finsteren Mienen sehen wollen. Kritik soll im Keim erstickt werden, denn sie ist Ausdruck von Negativität, und alle wissen schließlich, dass die Dinge rundlaufen, wenn »du das tust, was du am besten kannst«. Oder etwa nicht?

Flexibilität versus Standhaftigkeit

In einer beschleunigten Kultur hat Flexibilität stets Vorrang vor Standhaftigkeit. Flexibilität bedeutet, sich bewegen zu können, veränderbar und »fließend« zu sein. Man ist in der Lage, jede Richtung einzuschlagen und nach jeder Musik zu tanzen. Standhaftigkeit hingegen impliziert das Gegenteil, man steht auf der Stelle und ist an einem Ort festgewachsen. Man mag vielleicht noch in der Lage sein, sich wie eine Blume dem Wind zu beugen, doch entwurzelt oder umgetopft zu werden, fällt einem weitaus schwerer. Gleichwohl hat der Ausdruck »Wurzeln schlagen« in der beschleunigten Kultur durchaus noch einen positiven, wenn auch etwas altertümlich anmutenden Klang. Wurzeln zu schlagen bedeutet, mit anderen Menschen – Familie, Freunden, Kindern – verbunden zu sein, auch mit Idealen, mit Orten oder mit einem Arbeitsplatz, dem gegenüber man eine gewisse Form von Loyalität verspürt. Dennoch ist die positive Konnotation im Zusammenhang mit »Wurzelschlagen« heute weitgehend von einem eher negativen Verständnis des Begriffs abgelöst worden. Auch in demographischer Hinsicht gibt es immer weniger Menschen, die tatsächlich Wurzeln schlagen. Weitaus häufiger als frühere Generationen wechseln wir Arbeitsplatz, Partner oder Wohnort. Immer öfter neigen wir dazu, Personen nicht als »verwurzelt«, sondern als »fest gebunden« zu bezeichnen, und verstehen dies als etwas Negatives. »Du bist wohl auch mit deiner Arbeit verwachsen?«, fragen wir und verstehen das nicht als Kompliment.

Insbesondere im Marketing oder in der Werbung ist dieses zeitgenössische Phänomen der Glorifizierung von Flexibilität deutlich erkennbar. Werbung ist die Poesie des Kapitalismus – in ihr treten die unbewussten, symbolischen Strukturen der Gesellschaft zutage. Vor ein paar Jahren entdeckte ich eine Werbung der InterContinental-Hotelkette, die da lautete: »You can't have a favorite place until you've seen them all.« Der Spruch befand sich neben dem Foto einer tropischen Insel und wurde ergänzt von der Frage: »Do you live an InterContinental life?« Gemäß dieser Werbung können wir also gar keinen Lieblingsort haben, können uns nicht mit einem besonderen Ort *verbunden* fühlen, bevor wir alle anderen gesehen haben. Die hier ausgedrückte Botschaft unterstreicht also in extremer Weise die vorrangige Bedeutung von Flexibilität gegenüber Standhaftigkeit. Die Bindung an einen bestimmten Ort sei gleichbedeutend damit, sich alle anderen spannenden Plätze auf der Welt zu versagen. Auf andere Aspekte des Lebens übertragen, wird die Aussage dieser Werbung geradezu absurd, obwohl sie beinahe schon alltäglich erscheint: Du kannst keinen Lieblingsjob haben, bevor du alle anderen ausprobiert hast. Du kannst auch keinen Lieblingspartner haben, ehe du alle anderen potenziellen Kandidaten »getestet« hast. Denn wer weiß – vielleicht könnte ja eine andere Arbeit zu einer besseren Entwicklung deiner Persönlichkeit führen? Und vielleicht könnte eine andere Person dein Leben viel mehr bereichern als die, mit der du gerade zusammenlebst? Im 21. Jahrhundert, in einer Zeit also, in der Flexibilität über

Stabilität rangiert, fällt es den Menschen zunehmend schwerer, beständige und verpflichtende Gemeinschaften mit anderen einzugehen, seien es nun Lover, Ehepartner oder Freunde. In den meisten Fällen sind diese Beziehungen zu anderen sogenannte reine Beziehungen, die ausschließlich auf Emotionen beruhen.[6] In diesen reinen Beziehungen sind externe Kriterien aufgelöst, und praktische Erwägungen wie etwa ökonomische Sicherheit dürfen nicht länger eine Rolle spielen. Es geht ausschließlich um die emotionalen Aspekte im Zusammensein mit jemand anderem. Entwickle ich mich zur »besten Ausgabe meiner selbst«, wenn ich mit meinem Partner zusammen bin, hat die Beziehung eine Berechtigung, ansonsten nicht. Wir betrachten menschliche Beziehungen als etwas Vorübergehendes und Austauschbares. Andere Menschen werden zu Werkzeugen unserer persönlichen Entwicklung, anstatt als selbstbestimmte Individuen wahrgenommen zu werden.

Dieses Buch basiert auf der Prämisse, dass es schwieriger geworden ist, Wurzeln zu schlagen und Stabilität zu erlangen. Heute liegt unser Fokus auf Flexibilität und dem Drang, sich vorwärtszubewegen. In absehbarer Zeit kann an diesem Phänomen vermutlich nicht viel geändert werden – wobei es andererseits auch nicht wünschenswert wäre, zu einem Zustand zurückzukehren, in dem die Existenz des Individuums von unverrückbaren Parametern wie etwa Herkunft, Klasse oder Geschlecht bestimmt wird. Selbstverständlich ist das der flüchtigen Moderne innewohnende Potenzial – nämlich eine relative Befreiung von solchen Strukturen zu bewirken – etwas Einzigartiges und Positives, das zu einer Humanisierung der Gesellschaft beiträgt. Ich sage wohlweislich »relativ«, weil Faktoren wie Geschlecht und Klasse immer noch eine signifikante Rolle bei der Entwicklung des Potenzials spielen, über das die Menschen in ihrem Leben verfügen – und dies auch in modernen, auf Gleichstellung beruhenden Sozialstaaten. Die Vorstellung, dass dem Menschen heute »alle Möglichkeiten offenstehen« (eine Idee, die hauptsächlich jungen Menschen vermittelt wird), ist natürlich eine Illusion. Leider glauben jedoch noch viele daran, und so verwundert es nicht, dass wir uns selbst dafür verantwortlich machen, wenn unsere Bemühungen trotz allem ins Leere laufen. Denn hat man schon einmal alle Möglichkeiten, ist man ja selbst schuld daran, wenn der erwünschte Erfolg auf dem Partner- oder Arbeitsmarkt ausbleibt (für Freud waren »Lieben und Arbeiten« die wesentlichen existenziellen Bereiche). So ist es auch nicht erstaunlich, dass heute viele nach einer psychiatrischen Diagnose verlangen, um sich dadurch von jeglichem Schuldgefühl zu befreien, das unmittelbar auftreten und zu einer wahren Qual werden kann, sofern man Misserfolg als Konsequenz persönlicher Unzulänglichkeit betrachtet. Ein weiterer »poetischer« Werbetext – ein Slogan des Pharmagiganten GlaxoSmith-Kline, der unter anderem die »Glückspille« Paroxetin herstellt – lautet: »Do more, feel better, live longer«. In der beschleunigten Kultur sind dies offenbar Ziele, die wir mit Hilfe der Pharmafirma erreichen sollen: mehr *können* (ungeachtet dessen, was man kann?), sich besser *fühlen* (ungeachtet der Gründe für die vorherrschenden Gefühle?) und länger *leben* (ungeachtet der Qualität der zusätzlichen Lebensjahre?). In der sich schneller drehenden Welt sollen wir also mehr tun, und dies besser und länger, ohne überhaupt Inhalt oder Sinn dessen zu hinterfragen, was wir gerade tun. Die (Weiter-)Entwicklung ist an sich zu einem Ziel geworden, und das Selbst ist die Achse, um die sich alles dreht. Wenn wir uns selbst als wehrlos betrachten in einer Welt, die mit den Worten Zygmunt Baumans einem »globalen Wirbelwind« gleicht, konzentrieren wir uns immer mehr auf unser Selbst und werden gerade deswegen immer nur noch wehrloser.[7] Es entsteht ein Teufelskreis, in dem wir uns nach innen wenden, um eine unsichere Welt zu meistern, die nur immer unsicherer wird, je mehr wir uns isolieren und mit dem Leben und der einsamen Konzentration auf unser Selbst allein dastehen.

Halt finden

Wenn Flexibilität das Nonplusultra der modernen Kultur ist, wenn es uns immer schwererfällt, Wurzeln zu schlagen, so stellt sich die Frage, was wir tun können. Nun, wir können lernen, fest auf unseren Füßen zu stehen und Halt zu finden. Und im Lauf der Zeit vielleicht sogar Wurzeln zu schlagen. Dies ist allerdings leichter gesagt als getan, denn ständig und überall werden wir mit Begriffen wie Entwicklung, Veränderung, Umstellung, Innovation, Lernen und noch vielen anderen dynamisch klingenden Schlagwörtern konfrontiert, die für unsere beschleunigte Zeit charakteristisch sind. Selbst auf die Gefahr hin, die ohnehin schon schwere Last der Selbstverantwortung auf den Schultern jedes Einzelnen noch zu vergrößern, möchte ich mit diesem Buch doch versuchen, einen Weg für diejenigen aufzuzeigen, die Halt suchen und lernen möchten, standhaft zu sein. Um es gleich vorauszuschicken: Ich bin mir völlig im Klaren darüber, dass manche Menschen überhaupt keinen Halt finden wollen. Im Gegenteil – sie kommen in der Kultur der Beschleunigung glänzend zurecht. Obwohl ich der Ansicht bin, dass viele dabei Gefahr laufen, ihre Integrität zu verlieren und vielleicht sogar von wesentlichen Aspekten des Daseins abgeschnitten zu werden, müssen wir ihre Entscheidung natürlich akzeptieren und sie tun lassen, was immer sie wollen. Für diese Menschen ist dieses Buch nicht geschrieben. Allerdings gibt es andere, die sich nach Halt sehnen und denen es schwerfällt, eine Sprache zu finden, mit der sie diesem Wunsch Ausdruck verleihen können. Und versuchen sie es, so heißt es schnell, sie seien unbeweglich, rückwärtsgewandt oder reaktionär.

Unser säkularisiertes Zeitalter ist von diversen Unsicherheiten und Ängsten geprägt, was zur Folge hat, dass es immer schwieriger wird, Halt zu finden. Die meisten von uns sind daher sensibel für alle möglichen Formen von Lebensberatung – Therapie, Coaching, Achtsamkeit, Positive Psychologie oder Persönlichkeitsentwicklung im Allgemeinen. In Themenbereichen wie Ernährung, Gesundheit und Fitness entwickeln sich stetig neue Trends, die mit geradezu religiösem Ernst Vorgaben machen und Regeln aufstellen, denen man zu folgen hat oder nach denen man leben sollte. Im einen Monat soll die Ernährung auf Blutgruppenzugehörigkeit ausgerichtet sein, im nächsten ist Steinzeitdiät angesagt. Anscheinend ist es tatsächlich so, dass wir – und hier habe ich keine Bedenken, mich dem kollektiven »Wir« zuzurechnen – ohne Orientierung dastehen und deshalb ständig auf der Suche sind nach dem letzten und ultimativen Rezept für Glück, Erfolg und Persönlichkeitsentwicklung. Aus dem psychologischen Blickwinkel betrachtet, sieht es fast so aus, als handle es sich um einen Zustand kollektiver Abhängigkeit. Immer weniger Menschen sind abhängig von Tabak oder

Alkohol, doch die (immer größer werdende) Bevölkerungsmehrheit scheint eine gewisse Abhängigkeit von Lifestyle-Beratern, Gesundheitsgurus und Selbstverwirklichungscoaches entwickelt zu haben. Unzählige Therapeuten, Experten und Fachleute stehen als Akteure in der sich schneller drehenden Welt bereit, um uns bei Veränderungen und Umstellungen behilflich zu sein. Auch zahlreiche Selbsthilfebücher und 7-Schritte-Anleitungen zu diesem oder jenem Thema sind in der Absicht geschrieben worden, unsere persönliche Entwicklung zu unterstützen und voranzutreiben. Allein ein Blick auf die Bestsellerlisten reicht aus, um sich davon zu überzeugen: Neben Biographien erfolgreicher Menschen nehmen Selbsthilfebücher und Titel zu Themen wie Ernährung und Gesundheit stets die vorderen Plätze ein.

Aus eben diesem Grund habe ich dieses Buch nach dem Vorbild einer 7-Schritte-Anleitung geschrieben, was möglicherweise dazu beitragen kann, ein paar der gängigen Wahrheiten über Positivität und Entwicklung in der flüchtigen Kultur auf den Kopf zu stellen. Meine Hoffnung ist es, dass Sie als Leser oder Leserin dieses Buches ein paar der problematischen Aspekte des *Zeitgeistes* in Ihrem eigenen Leben erkennen können und vielleicht in die Lage versetzt werden, ein Vokabular zu finden, das der Terminologie der permanenten Weiterentwicklung und Veränderung Paroli bietet. Der Gedanke dabei ist, dass dieses Buch – als eine Art Anti-Selbsthilfebuch – dazu inspirieren kann, die Art und Weise zu verändern, wie man sein Leben betrachtet und lebt. Ich möchte darlegen, dass wir, um zu lernen, wie wir in der heutigen Kultur der Beschleunigung überleben können, uns von der klassischen Denkweise und Philosophie des Stoizismus beflügeln lassen sollten.

Bei ihr stehen Selbstbeherrschung, innerer Frieden, Würde, Pflichtgefühl und Besinnung auf die Endlichkeit des Lebens im Mittelpunkt. Diese Tugenden können eine viel tiefere Lebensfreude hervorrufen, als es eine oberflächliche Konzentration auf konstante Veränderung und Entwicklung ermöglicht.

Allein aus der Perspektive der Ideengeschichte betrachtet, ist der Stoizismus als eine der wesentlichen Traditionen westlicher Philosophie überaus interessant, in unserem Zusammenhang betritt er indes ausschließlich aus pragmatischen Gründen die Bühne. Aber wozu nun das stoische Rad neu erfinden, wenn es die Stoiker bereits getan haben? Mein Interesse bezieht sich auf die Bedeutung und Relevanz des Stoizismus für unsere Zeit sowie auf die damit im Zusammenhang stehenden Herausforderungen. Die Frage, ob ich den Stoizismus im Kontext seiner eigenen Zeitepoche richtig interpretiere (vermutlich nicht), ist für mich dabei zweitrangig.

Der Stoizismus stammt ursprünglich aus dem antiken Griechenland und fand später auch bei Denkern im antiken Rom Verbreitung. Dieses Buch soll sicher keine allgemeine Einführung in die Philosophie des stoizistischen Denkens an sich sein, wie es zum Beispiel von Seneca, Epiktet, Marcus Aurelius und – bis zu einem gewissen Grad – auch von Cicero[8] propagiert wurde. Stattdessen möchte ich bestimmte Aspekte des Stoizismus aufgreifen und damit auf einige Herausforderungen der modernen Zeit antworten:

– Wird heutzutage positive Visualisierung propagiert (Denken Sie an alle Dinge, die Sie erreichen möchten!), empfehlen die Stoiker negative Visualisierung (Was

21

wird geschehen, wenn Sie all das verlieren, was Sie bereits besitzen?).

– Wird heute dazu geraten, sich alle erdenklichen Möglichkeiten vorzustellen, empfehlen die Stoiker, dass Sie Ihre Begrenzungen akzeptieren und sich damit abfinden.

– Soll man heutzutage immer und überall seine Gefühle ausdrücken, empfehlen die Stoiker, zu lernen, wie man Selbstdisziplin entwickelt und seine Gefühle beherrscht.

– Wird der Tod in unserer Zeit tabuisiert, empfehlen die Stoiker, dass man jeden Tag an die eigene Sterblichkeit denkt, um Dankbarkeit für das Leben zu entwickeln, das man hat.

Kurz gesagt, ist dieses Buch für Leser geschrieben, die nach einem Vokabular suchen, das sie dem Entwicklungsimperativ in der beschleunigten Kultur entgegensetzen können. Die zahlreichen Krisen, mit denen wir es heute zu tun haben – ökologisch, wirtschaftlich oder physiologisch –, sind letztlich das Resultat einer engstirnigen Philosophie des permanenten Wachstums und der allgemeinen kulturellen Beschleunigung. Zwar ist auch der Stoizismus kein Allheilmittel, aber er kann das Individuum dazu anregen, die eigene Existenz auf neue Art und Weise zu betrachten und zu leben. Es geht also darum, Standhaftigkeit zu beweisen – zu akzeptieren, was man hat und wer man ist –, anstatt sich die ganze Zeit weiterentwickeln, optimieren und umstellen zu müssen. Diese Idee mag sich vielleicht konservativ anhören. Ich möchte aber aufzeigen, dass in einer Kultur der permanenten Weiterentwicklung einige Formen des Konservatismus tatsächlich einen wirklich progressiven Ansatz darstellen. Wer auf festem Boden steht, ist überraschenderweise am besten für die Zukunft gerüstet. Es ist mir völlig bewusst, dass dieses an den einzelnen Leser gerichtete Buch nicht die grundsätzlichen Probleme, welche gemeinsamer Anstrengung und politischen Handelns bedürfen, lösen kann. Vielleicht jedoch kann dieses Buch einzelnen Lesern helfen, die – wie ich – ein Unbehagen angesichts zeitgenössischer Trends in Bereichen wie Ausbildung, Arbeitsleben oder Privatsphäre verspüren. Zumal diese Trends geradezu grotesk und absurd erscheinen, wenn sie einmal genauer unter die Lupe genommen werden. Ich bin mir auch darüber im Klaren, dass das Buch paradoxerweise ganz unvermeidbar ein Symptom eben jener Individualisierung verkörpert, die herauszufordern es bemüht ist. Allerdings hoffe ich, dass die Verdeutlichung dieses Paradoxes (indem ich nämlich die Form der 7-Schritte-Anleitung nachahme) zu einem erhöhten Bewusstsein für die Missstände in der beschleunigten Kultur beiträgt. Indem ich ein groteskes Zerrbild etablierter Wahrheiten zeichne, wird hoffentlich deutlich, wie absurd und problematisch diese eigentlich sind.

Die folgenden sieben Kapitel stellen jedes für sich einen Schritt auf dem Weg zu Standhaftigkeit und Halt dar. Mein Ziel ist es, dem Leser dabei zu helfen, sich von dem Gefühl der Abhängigkeit von Entwicklung, Umstellung, Therapie und Lebensberatung zu befreien. Jeder, der einmal einen Kurs in positivem Denken absolviert hat, wird vermutlich einwenden, dass dieses Buch ein übermäßig düsteres Bild der Gegenwart zeichnet. Das gebe ich gern zu! Aber eine der Hauptthesen in diesem Buch lautet gerade, dass Nörgelei, Kritik, Melancholie und vielleicht sogar dezidierter Pessimismus in heutigen Zeiten hilfreich sein können. Außerdem verursacht es ein gewisses Vergnügen, inmitten der beschleunigten Zeit einmal einen Schritt zurückzutreten und festzustellen, dass das Glas nicht halb voll ist, wie uns immer wieder gesagt wird, sondern halb leer. Und dies, lieber Leser und liebe Leserin, werden Sie feststellen, wenn Sie den sieben Schritten nach und nach folgen. Sie werden lernen zu beobachten – und das vielleicht sogar mit einer gewissen Portion von Selbstgefälligkeit –, wie sich die anderen auch weiterhin wie wild in ihrem Hamsterrad abstrampeln und mit geradezu pubertär anmutendem Eifer dem nächsten Trend, dem nächsten Vorboten oder der nächsten Eroberung hinterherhecheln, seien dies nun Marktanteile oder ein attraktiver Partner. Vermutlich werden Sie entdecken, wie besessen Sie selbst von dieser Jagd sind, aber Sie werden auch lernen zu begreifen, dass dies im Grunde eine ziemlich unreife Art ist, Ihr Leben zu führen und zu gestalten. Kinder und junge Menschen sollen sich entwickeln und Flexibilität zeigen – daran besteht kein Zweifel –, doch als Erwachsene sollten wir in der Lage sein, auf festem Boden zu stehen und eine klare Position einzunehmen.

Die in diesem Buch empfohlene Negativität hat eine ganz eigene, erfrischende Psychologie. Sie soll selbstverständlich nicht in nihilistische Schwarzmalerei ausarten, die zu Resignation, Unlust oder regelrechter Depression führt. Ganz im Gegenteil soll sie dazu führen, dass man nach bestem Wissen und Gewissen versucht, Verantwortung zu übernehmen und sein Schicksal zu akzeptieren. Wie schon die Stoiker wussten, kann die Besinnung auf die Kürze des Lebens und seine zahlreichen unvermeidlichen Probleme zu Solidarität mit anderen führen, die sich im selben Boot befinden – im Prinzip also mit allen Menschen. Durch Negativität erhält man Zeit und Gelegenheit, den Blick auf die problematischen Aspekte des Lebens zu richten und diese zu kritisieren. Dieser Blick durch die graue – und nicht die rosa – Brille wird Sie zusehends in die Lage versetzen, sich auf das Wesentliche zu konzentrieren: Ihre Pflicht zu tun.

In ihrer ursprünglichen Form lautete der letzte Schritt in der 7-Schritte-Anleitung: »Trauen Sie niemals einer 7-Schritte-Anleitung«. Vermutlich ist das immer noch ein guter Rat, allerdings fand ich ihn ein wenig zu dünn, um darauf ein eigenes Kapitel aufzubauen. Deshalb lauten die sieben Schritte nun folgendermaßen:

1. Hören Sie auf, in sich selbst hineinzublicken.
2. Fokussieren Sie sich auf das Negative in Ihrem Leben.
3. Setzen Sie den Nein-Hut auf.
4. Unterdrücken Sie Ihre Gefühle.
5. Feuern Sie Ihren Coach.
6. Lesen Sie einen Roman – kein Selbsthilfebuch und auch keine Biographie.
7. Besinnen Sie sich auf die Vergangenheit.

Jedes Kapitel wird mit einer Empfehlung eingeleitet, und danach werde ich begründen und veranschaulichen, warum es richtig ist, dieser Empfehlung zu folgen. Wo es relevant ist, werde ich kurz auf die Inspirationen der stoischen Philosophen eingehen und zeigen, wie ihre Denkweise gegen die Erscheinungsformen der beschleunigten Kultur wappnen kann.

Außerdem biete ich praktische Übungen an, die Ihnen dabei helfen werden, Halt zu finden und standhaft zu sein. Das abschließende Kapitel beschäftigt sich etwas ausführlicher mit der Lebensphilosophie der Stoiker und ist in erster Line für diejenigen Leser und Leserinnen gedacht, die sich eingehender mit dieser Gedankenwelt und ihrer Relevanz für die heutige Zeit beschäftigen möchten.

1. HÖREN SIE AUF,
IN SICH SELBST HINEINZUBLICKEN

Je mehr Sie sich selbst hinterfragen, desto schlechter werden Sie sich fühlen. Ärzte nennen so etwas das Gesundheitsparadox: Je besser den Patienten geholfen wird und je kritischer sie ihren Zustand beobachten, desto schlechter fühlen sie sich. Die meisten Selbsthilfegurus wollen Sie dazu anhalten, Ihre Entscheidungen aus dem Bauchgefühl heraus zu treffen. Keine gute Idee – besonders dann nicht, wenn Sie Eisbein mit Sauerkraut gegessen haben. Beschränken Sie Ihre Selbstanalyse lieber auf einmal im Jahr, zum Beispiel in den Sommerferien. Erschwerend kommt hinzu, dass diese Nabelschau oft als Werkzeug für die Selbstfindung betrachtet wird. So etwas endet jedoch in der Regel mit einer Enttäuschung, und man findet sich selbst auf dem Sofa wieder – mit einer Chipstüte in der Hand.

Selbstanalyse und Selbstfindung sind vermutlich zwei der am weitesten verbreiteten Ideen in unserer gegenwärtigen westlichen Kultur. Zwar sind sie nicht identisch, hängen aber dennoch eng zusammen. Um herauszufinden, wer Sie *wirklich* sind – ganz unabhängig davon, was Ihre Eltern, Lehrer oder Freunde dazu meinen –, sollen Sie die falschen Vorstellungen von sich selbst schichtweise entfernen und lernen, darauf zu hören, was Ihr inneres Selbst Ihnen mitteilen möchte. Wenn Sie jemals Zweifel an etwas in Ihrem Leben gehegt haben (und wer hat das nicht?), sind Sie vermutlich zu einem anderen gegangen und haben um Rat gefragt: »Was meinst du denn, was ich tun soll?« Mit großer Wahrscheinlichkeit lautete die Antwort dann: »Geh doch einfach nach deinem Bauchgefühl und finde heraus, was es dir sagt.« Seit Jahrzehnten ist das die übliche Reaktion – zumindest seit dem Erblühen der Jugendkultur in den 1960er Jahren, als mit Autoritäten und äußeren Normen gründlich aufgeräumt wurde und das Motto stattdessen lautete, sich nach innen zu wenden und die Antworten dort zu suchen. Der erste Schritt auf diesem siebenstufigen Pfad baut nun auf der Erkenntnis auf, dass die Antworten nicht durch einen Blick in das innere Selbst gefunden werden können. Oder anders ausgedrückt: Es ist schlicht und einfach witzlos, Bauchgefühl und Selbstbespiegelung so viel Bedeutung einzuräumen.

Zunächst einmal klingt das kontraintuitiv, tatsächlich aber ist es absolut vernünftig und durchdacht: Ist zum Beispiel eine andere Person in Not oder braucht Ihre Hilfe, sollten Sie zunächst nicht danach fragen, wie es »sich für mich anfühlt«, wenn Sie Hilfe gewähren. Stattdessen sollten Sie sich für die andere Person interessieren, und Ihre Reaktion sollte darauf beruhen, dass es *per se* wichtig ist, einer Person Hilfe angedeihen zu lassen, sofern Sie dazu in der Lage sind – unabhängig davon, was Sie dabei in sich fühlen. Wenn beispielsweise Naturwissenschaftler, Künstler oder Philosophen äußern, dass Kenntnisse über Bohr, Mozart oder Wittgenstein die menschliche Erfahrungswelt bereichern können, sollten Sie nicht erst in sich »hineinhören«, um zu entscheiden, ob dies etwas für Sie sein könnte. Vielmehr sollten Sie sich dafür interessieren, *was* diese Menschen sagen, und nicht dafür, welche Gefühle dadurch in Ihnen geweckt werden, *dass* sie es Ihnen sagen. Sie sollten lernen, Ihren Blick nach außen zu richten, um

Offenheit gegenüber anderen Menschen, anderen Kulturen und auch der Natur zu zeigen. Sie sollten akzeptieren, dass es in Ihrem Inneren keinen Schlüssel für eine Tür gibt, hinter der die Antwort darauf liegt, wie Sie leben sollen. Denn das Selbst an sich ist nur eine Idee, eine Konstruktion, im Grunde ein Nebenprodukt der Kulturgeschichte, und als solches ist es mehr nach außen als nach innen gerichtet.

Ungeachtet dessen ist diese aus dem Geist der antiautoritären Strömung der 1960er Jahre geborene Hinwendung zum Selbst heute in vielen Ländern sowohl im Schulsystem als auch im Arbeitsleben institutionalisiert. Schüler und Schülerinnen sollen die Antworten nicht nur in Schulbüchern und in der Natur finden, sondern auch in sich selbst. Es wird erwartet, dass sie sich selbst als visuell, aural, taktil oder aktiv Lernende identifizieren und ihre Entwicklung nach dem individuellen Lernstil ausrichten. Die psychologische Introspektion und Entdeckung des Selbst sind zu Mitteln geworden, welche die Effektivität des Lernens erhöhen sollen. Im Arbeitsleben wird man angehalten, an Seminaren zur Persönlichkeitsentwicklung teilzunehmen, und der Chef coacht seine Mitarbeiter, damit sie lernen, ihr inneres Selbst zu entdecken und ihre Kernkompetenzen zu identifizieren. »Die Anleitung liegt in dir selbst«, lautet in etwa der Slogan für Otto Scharmers geheimnisvolle Theorie U, auf die ich später noch zurückkomme. Doch vielleicht ist die Zeit gekommen, einmal nachzufragen, ob vierzig Jahre Nabelschau uns wirklich weitergebracht haben. Haben wir uns selbst gefunden? Ist es tatsächlich möglich, sich selbst zu finden? Sollte man es überhaupt versuchen? Meine Antwort auf all diese Fragen lautet nein.

Bauchgefühl

Für viele von uns ist es ganz normal geworden zu sagen, dass wir unsere Entscheidungen aus dem Bauch heraus treffen. Sogar Geschäftsführer und Firmenbosse stehen hierbei nicht zurück. Ein im Jahr 2014 veröffentlichter Artikel in der britischen Zeitung *The Telegraph* verweist darauf, dass das Bauchgefühl bei geschäftlichen Entscheidungen weiterhin vorherrsche, und erwähnt eine Untersuchung, gemäß der nur zehn Prozent der Führungskräfte sich auf die aktuelle Datenlage verlassen würden, wenn diese ihrer Intuition widerspräche.[9] Einige Manager scheinen sogar auf Selbsthilfebücher oder Magazine zurückzugreifen, um herauszufinden, wie man sein Bauchgefühl identifizieren kann. Gemäß dieser mitunter so ähnlich in Lifestyle-Magazinen zu findenden Anleitung soll Folgendes getan werden:

1. *Nehmen Sie eine bequeme Sitzposition ein. Schließen Sie die Augen und richten Sie Ihre Aufmerksamkeit nach innen. Atmen Sie tief ein, halten Sie den Atem für einen Augenblick an und atmen Sie wieder aus. Wiederholen Sie dies drei Mal und beobachten Sie, wie sich die Atemübung auf Ihren Körper auswirkt.*
2. *Werden Sie sich nun Ihres Körpers bewusst und entspannen Sie Ihre Körperteile nach und nach. Beginnen Sie mit den Füßen. Sobald Sie entspannt sind, spüren Sie einen authentischen Kontakt mit sich selbst, wodurch Sie Ihre Bedürfnisse besser erkennen und auf Ihre innere Stimme hören können.*
3. *Beobachten Sie nun, was in Ihnen vorgeht. Was immer Sie zu spüren beginnen, lassen Sie es geschehen. Versuchen Sie nicht, davor wegzulaufen, auch wenn Sie*

zunächst etwas Unangenehmes verspüren. In diesem Moment kommen Sie in Kontakt mit Ihrer Seele oder Ihrem inneren Kern.

4. Stellen Sie Fragen. Alle Antworten liegen bereits in Ihnen. Wann immer Sie etwas wahrnehmen, das Sie nicht ganz verstehen, fragen Sie nach dem Grund dafür. Die Antwort kann als Gedanke, inneres Bild, körperliches Gefühl oder intuitive Erkenntnis zu Ihnen kommen.

5. Nutzen Sie es. Fangen Sie an, Ihre Handlung nach dem auszurichten, was Sie fühlen. Verlassen Sie sich auf Ihr Bauchgefühl. Sobald Sie offen und verletzbar sind, beginnen Sie zu wachsen. Sie müssen sich nicht länger Ihrer Umwelt anpassen. Neue Möglichkeiten werden sich Ihnen eröffnen.

Diese Anleitung mag auf den ersten Blick vielleicht wie eine Karikatur daherkommen, ist aber gar nicht so weit davon entfernt, was alle möglichen Gurus und Berater auf dem Feld der Achtsamkeit oder Persönlichkeitsentwicklung empfehlen. Zunächst soll man sich entspannen – die meisten von uns würden vermutlich zustimmen, dass so etwas ab und zu eine feine Sache ist. Danach soll man seine »Bedürfnisse erkennen«, indem man auf seine »innere Stimme« hört. An dieser Stelle wird es sofort etwas mysteriös, weswegen Sie vorsichtig sein und fragen sollten, ob es wirklich eine so gute Idee ist, auf Ihre innere Stimme zu hören. Denn was ist, wenn Sie sich beispielsweise auf einem Firmenfest befinden und die innere Stimme Ihnen sagt, dass dieser Kollege oder jene Kollegin doch eigentlich ganz süß ist und einen Kuss verdient, obwohl Sie nicht mit ihm oder ihr liiert oder verheiratet sind? Die Verfasser solcher oben dargestellten Anleitungen würden vermutlich einwenden, dass man auf einem Firmenfest auch gar nicht wirklich mit seinem inneren Kern (siehe Schritt 3) in Verbindung steht. Nun, wie dem auch sei. Aber wie kann man das wissen? Nur, indem wir noch tiefer in uns hineinhorchen und dann womöglich in einem nichtssagenden Kreis enden, der uns völlig empfindungslos zurücklässt. Der amerikanische Psychologe Philip Cushman hat einmal geäußert, die epidemisch um sich greifenden Depressionen in der westlichen Welt könnten dadurch erklärt werden, dass, sofern man lange genug in sich selbst hineinblickt – wenn man also seinen Gefühlen nachspürt und eine Therapie durchlaufen hat, um sich selbst zu finden –, die Depression genau in dem Augenblick auftaucht, in dem man erkennt, dass im inneren Selbst tatsächlich nichts zu finden ist.[10] Wenn also, wie uns ständig nahegelegt wird, der Sinn des Lebens im inneren Selbst zu finden ist, tatsächlich dort aber gähnende Leere herrscht, erscheint logischerweise alles völlig sinnlos. Anders ausgedrückt, laufen wir Gefahr, enttäuscht zu werden, wenn wir so viel in uns hineinblicken und dennoch nichts finden.

Ein weiteres Risiko besteht darin, dass man glaubt, Antworten auf etwas zu finden, diese aber in Wirklichkeit völliger Unsinn sind. In der obigen Anleitung heißt es: »Alle Antworten liegen bereits in Ihnen.« Überlegen Sie einmal, wie absurd das im Grunde genommen ist. Wie lösen wir die Klimakrise? Wie bereitet man Kaiserschmarrn zu? Was heißt »Pferd« auf Chinesisch? Kann ich ein guter Ingenieur werden? Nach meiner tiefsten Überzeugung ist die Antwort auf keine dieser Fragen »in meinem inneren Selbst« zu finden. Nicht einmal die Antwort auf die letzte Frage, denn schließlich gibt es ja ganz objektive Kriterien dafür, was ein guter Ingenieur wissen und können muss (technische Kenntnisse, mathematisches Verständnis etc.), und die haben rein gar nichts damit zu tun, wie man sich im Innern fühlt. Vielmehr geht es dabei um Kenntnisse, die von anderen Menschen objektiv beurteilt werden können. Im letzten Schritt der Anleitung heißt es: »Sie müssen sich nicht länger Ihrer Umwelt anpassen.« Ach, tatsächlich? Dieses »Privileg«, keine Rücksicht auf die Umwelt nehmen zu müssen, gilt allenfalls für Diktatoren und ist noch dazu vermutlich eher ein Fluch als ein Privileg. Kaiser Nero, »vor dem eine ganze Welt sich beugte [...] Nicht nur, wenn er seinen Thron besteigt oder zur Ratsversammlung geht, sehe ich ihn im Geiste von Liktoren umgeben, nein, auch wenn er auszieht, um seine Lüste zu befriedigen«, wie Kierkegaard[11] schreibt, musste Rom in Brand setzen, um Widerstand zu erleben und eine Realität zu erfahren, die nicht nur daraus bestand, dass die Menschen sich ihm zu Füßen warfen.

Wie schon zu Beginn dieses Kapitels erwähnt, birgt exzessive Selbstbespiegelung das Risiko, etwas zu spüren, das keinerlei Bedeutung hat, aber aufgrund der Tatsache, verspürt zu werden, eine Bedeutung *erhält*. Schon seit den 1980er Jahren wird dies von Ärzten als Gesundheitsparadox bezeichnet.[12] Je umfassender und besser die Methoden sind, mit denen Krankheiten aufgespürt und behandelt werden können, desto mehr neigt die Bevölkerung zu permanenter Selbstdiagnose, was wiederum zu weitverbreiteten subjektiven Gefühlen von Unwohlsein führt. Oder anders ausgedrückt: Je weiter die medizinische Wissenschaft voranschreitet, desto kränker fühlen sich die Menschen. Allein das schon ist Grund genug, die ständige Selbstbespiegelung herunterzufahren. Manches mag sich zwar durchaus einen Augenblick lang ganz richtig anfühlen, aber sobald man danach handelt, vergisst man, dass sich alles in der nächsten Sekunde schon wieder ganz anders anfühlen kann. Was ich damit sagen will, ist, dass Bauchgefühle grundsätzlich nicht vernünftig sind. Sagt das Bauchgefühl, ich soll ein Stück Kuchen essen, aber ich leide gleichzeitig zum Beispiel an einer Nussallergie, kann es schnell das letzte Stück Kuchen sein, das ich in meinem Leben überhaupt noch esse.

Sich finden oder sich mit sich selbst abfinden?

Die häufig auftretenden Ermahnungen, in sich selbst hineinzufühlen, sind in der Regel ein Vorläufer zur Aufforderung »Finde dich selbst«. In der Alltagspsychologie unserer zeitgenössischen Kultur existiert die weitverbreitete Vorstellung, das eigentliche Ich – das Selbst, der Kern oder wie immer wir es nennen wollen – sei in uns zu finden und Sozialisierung sowie von anderen an uns herangetragene Ansprüche erschüfen ein *fabriziertes* Selbst, das es zu überwinden gilt. In den 1960er und 1970er Jahren wurde Selbstverwirklichung zu einer Bezeichnung für den Prozess, in dem wir lernen, dieses falsche Selbst abzustreifen, auf unsere innere Stimme zu hören, in uns selbst hineinzufühlen und somit authentisch zu werden.

Wie Sie schon wissen, verdient es die Idee von der inneren Stimme, mit einer gewissen Skepsis betrachtet zu werden. Darüber hinaus kann man auch fragen, wieso sich unser wahres »Selbst« denn ausgerechnet in unserem Inneren befinden soll. Weshalb drückt sich unser »Ich«

nicht in unseren Handlungen, in unserem Leben und in unseren Beziehungen zu anderen aus – also in dem, was sich außerhalb von uns befindet? Der Philosoph Slavoj Žižek sagt dazu:

Mich interessiert, wieso in der Maske, die man sich anlegt, mehr Wahrheit liegt als in meinem wahren, inneren Selbst. Ich habe immer an Masken geglaubt und nie an das emanzipatorische Potenzial, diese abzunehmen. […] Die echte Maske ist mein authentisches Selbst. Und die Wahrheit kommt in Verkleidung einer Fiktion daher. […] In diesem Fall glaube ich an Verfremdung, aber an Verfremdung im Sinne einer externen Koordinate, anhand derer wir uns identifizieren können. Die Wahrheit ist da draußen.[13]

Während Psychologie und Philosophie kaum zu erklären vermögen, wieso man sich selbst finden kann, indem man den Blick nach innen wendet, kann vielleicht die Soziologie bei der Beantwortung der Frage weiterhelfen. Wir können uns fragen, wieso der Mensch überhaupt angefangen hat, so über sich selbst zu denken. Weshalb haben wir vergessen, dass die Wahrheit nicht in uns ist, sondern irgendwo da draußen? Der deutsche Sozialphilosoph Axel Honneth hat darauf eine Antwort gegeben. Er meint, der Gedanke, »die Antwort liegt in mir selbst« und das Leben müsse sich deshalb um Selbstverwirklichung drehen, habe vielleicht in den 1960er Jahren eine gewisse befreiende Kraft besessen.[14] Zu jener Zeit habe es nämlich gute Gründe gegeben, sich gegen starre soziale Formen zu wenden, welche die Entfaltungsmöglichkeiten des Menschen unnötig einschränkten. Doch was damals ein legitimer Widerstand gegen das »System«

(Patriarchat, Kapitalismus usw.) war und sich in einer Hinwendung zum Selbst äußerte, so Honneth, ist heute zu einer Grundlage geworden, auf der sich eben dieses System Legitimation verschafft. Nach Honneths Ansicht bedarf die postmoderne Konsumgesellschaft – also das, was ich in diesem Buch beschleunigte Kultur nenne – eben genau einer Kultivierung von Individuen, die flexibel und veränderbar sind und stetig nach Veränderung und Weiterentwicklung trachten. Stillstand ist in der Wachstums- und Konsumgesellschaft gleichbedeutend mit Widerspruch. Die Idee der Selbstverwirklichung begünstigt den Bedarf des Marktes an serviler und flexibler Arbeitskraft, und nicht ohne Grund haben sich progressive Management- und Organisationstheorien innerhalb der letzten fünfzig Jahre stets auf »den ganzen Menschen«, auf »die menschlichen Ressourcen« und auf die Idee von der Selbstverwirklichung durch Arbeit fokussiert.[15]

Diese Idee der Selbstverwirklichung ist allerdings nicht mehr befreiend, sondern bindet uns bloß an eine Vorstellung von einem inneren Selbst, das entwickelt und mitunter sogar zum Vorteil unseres Arbeitsplatzes kapitalisiert werden soll. Echter Widerstand gegen das System besteht heute nicht mehr darin, sich auf der Suche nach sich selbst nach innen zu wenden, sondern darin, das Gesamtkonzept der Flexibilität abzulehnen und sich stattdessen mit sich selbst abzufinden. Der Satz »Ich habe keinen Bedarf daran, mich weiterzuentwickeln« ist im Rahmen von Mitarbeitergesprächen und Feedback-Runden eher selten zu hören und wäre, wenn er fiele, wohl ein deutlicher Ausdruck von Widerstand gegen die zeitgenössische Ideologie.

Die Paradox-Maschine

Dass Widerstand gegen das System heute durch Stillstand ausgeübt werden kann, klingt nach einem Paradox, kann aber vielleicht erklärt werden, indem wir die Kultur als Paradox-Maschine beschreiben. Die beschleunigte Kultur produziert, basierend auf ihrer inneren Natur, Paradoxe – nicht zuletzt im Kontext der Vorstellung, sich selbst finden zu können. Ein Paradox entsteht, wenn das Streben nach etwas Bestimmtem uns gleichzeitig davon abschneidet, es zu erreichen. Führt die Tatsache, einem Menschen helfen zu wollen, zu Abhängigkeit und dem Bedarf an weiterer Hilfe, haben wir es mit einem Paradox zu tun. Manchen psychopathologischen Verhaltensweisen wohnt eine unmittelbar paradoxe Logik inne: Der Versuch, gesund zu leben, kann zur Besessenheit führen und ist somit in sich selbst ungesund. Das Streben danach, die Welt in rationale Systeme einzuteilen, kann zu einem irrationalen Zwangsgedanken werden usw.

Gesamtgesellschaftlich betrachtet, sehen wir die Paradox-Maschine an vielen Orten in Aktion. So hat beispielsweise der Versuch, die Arbeiterklasse und ihre Nachkommen durch kritische, antiautoritäre Erfahrungspädagogik zu befreien, letztlich nur zu einer fortgesetzten Reproduktion von Ungleichheit geführt (und in den letzten Jahren sogar zu deren Verstärkung), weil die Kinder aus der unteren Schicht sich außerstande sahen, in den diffusen pädagogischen Strukturen mit ihren Anforderungen an Selbstverwaltung und Selbstentwicklung zurechtzukommen. Kinder aus der Mittel- und Oberklasse haben diese Schwierigkeiten hingegen nicht. Die Humanisierung unserer Arbeitswelt – und die damit einhergehende Einführung von selbststeuernden Gruppen, von Verantwortungsdelegation und persönlicher Entwicklung durch Arbeit – hat gleichermaßen zu einer »Korrosion der Persönlichkeit« geführt, wie der Soziologe Richard Sennett es ausdrückt (das Individuum verfügt nicht länger über ein festes Fundament, auf dem es stehen kann), wie auch zu sich epidemisch ausbreitendem Stress und zu einem unbarmherzigen Zusammenbruch zwischenmenschlicher Solidarität und Loyalität.[16] In der beschleunigten Kultur dienen die konstanten Forderungen nach Innovation, Kreativität sowie Überschreitung des Bestehenden bloß einer Zementierung der bestehenden (Un-)Ordnung. Die Lektüre heutiger Management-Handbücher, in denen beschrieben wird, wie ausgehend von »Werten« mit »dem ganzen Menschen« gearbeitet wird, der »sich selbst entwickeln soll«, kommt einem Studium der Kapitalismuskritik aus den 1970er Jahren gleich. Kurz gesagt: Die Idee einer Veränderung der Gesellschaft durch das Aufbrechen unterdrückender Traditionen und durch die Befreiung des Selbst ist heute selbst Bestandteil der Reproduktion unterdrückender gesellschaftlicher Mechanismen. In sich selbst hineinzufühlen, um sich dadurch zu entwickeln oder gar zu finden, ist zur zentralen psychologischen Antriebskraft in der beschleunigten Kultur und den damit verbundenen Problemsphären geworden. Nicht allein wir selbst werden also davon profitieren, wenn wir die ewige Nabelschau einstellen, sondern auch die Gesellschaft.

Den paradoxen Charakter der Gegenwart anzuerkennen mag sich auf das Individuum vielleicht lähmend auswirken, kann aber auch zu einer völligen Neuorientierung führen. Die Konsequenzen sind an sich wiederum paradox: Der Konservatismus und seine Orientierung auf Traditionen erweist sich plötzlich als wahrer Fortschritt.

Was wir für unterdrückend hielten, ist vielleicht befreiend? Gewohnheit und Routine bergen womöglich größeres Potenzial in sich als die endlose Beschwörung von Innovation? Und wer es wagt, wie jeder andere zu sein, ist am Ende der einzig wahre Individualist? Wie in Monty Pythons *Leben des Brian,* wo die zum Erlöser auserkorene Hauptperson ihren »Jüngern« zuruft: »Look. You've got it all wrong. You don't need to follow me. You don't need to follow anybody! You've got to think for yourselves. You're all individuals!« Der Erlöser belehrt die Menschen also, ganz sie selbst zu sein und ihm nicht blind zu folgen. Sie sollen tun, was sie *selbst* für richtig halten! Woraufhin die Menschenmenge mit kollektiver Stimme antwortet: »Yes, we're all individuals«, abgesehen von Dennis, der sagt: »I'm not.« Auf paradoxe Art und Weise unterstreicht er seinen Status als Einzelgänger, indem er bestreitet, ein Individuum zu sein. Vielleicht ist das ja bei der Selbstfindung ganz ähnlich: Wer deren Sinn bestreitet, ist vielleicht am meisten er selbst – oder verfügt zumindest über eine Art von Selbstgefühl. Wer die ganze Finde-dich-selbst-und-entwickle-dich-selbst-Philosophie zurückweist, hat jedenfalls größere Chancen, mit einer gewissen Integrität zu leben – oder anders ausgedrückt: Über längere Zeit hinweg eine kohärente Identität zu haben, und darauf zu beharren ist im Leben des Betreffenden das Wichtigste.

Seit den Schriften Rousseaus im 18. Jahrhundert haben wir geglaubt, es komme im Leben darauf an, man selbst zu sein und der »inneren Stimme« zu lauschen. Rousseau war übrigens einer der Ersten, der diese Thematik aufgriff. Seine berühmte Autobiographie *Die Bekenntnisse* beginnt mit den Worten:

Ich plane ein Unternehmen, das kein Vorbild hat und dessen Ausführung auch niemals einen Nachahmer finden wird. Ich will vor meinesgleichen einen Menschen in aller Wahrheit der Natur zeigen, und dieser Mensch werde ich sein. Ich fühle mein Herz – und ich kenne die Menschen. Ich bin nicht gemacht wie irgendeiner von denen, die ich bisher sah, und ich wage zu glauben, dass ich auch nicht gemacht bin wie irgendeiner von allen, die leben. Wenn ich nicht besser bin, so bin ich doch wenigstens anders.[17]

Er schreibt, die Vorstellung, man selbst zu sein, stelle einen Wert an sich dar. Ungeachtet dessen, wer man im Übrigen ist, ist es wertvoll, man selbst zu sein. Diese Vorstellung ist – wie Sie wissen – schlichtweg falsch. Denn zweifellos ist es besser, eine nicht authentische Mutter Teresa zu sein als ein authentischer Anders Behring Breivik. Tatsächlich wohnt dem Umstand, man selbst zu sein, keinerlei Wert an sich inne. Dies ist hingegen der Fall, wenn ich beispielsweise meiner Pflicht gegenüber Menschen nachkomme, denen ich verbunden bin, wobei es völlig bedeutungslos ist, ob ich, wenn ich dies tue, ich selbst bin oder nicht. Der Drang danach, sich selbst zu finden, führt häufig sogar dazu, dass andere im Zuge dieses Bestrebens geopfert werden, was es mir unmöglich macht, meine Pflicht zu erfüllen. Ich möchte behaupten, dass es besser ist, Zweifel daran zu haben, was mein Bauchgefühl bedeutet – oder daran, ob ich mich selbst gefunden habe –, als dem Bauchgefühl blind zu folgen und die Jagd nach dem wahren Selbst unkritisch fortzusetzen. Gelingt es uns zu akzeptieren, dass das Selbst eine zweifelhafte Größe ist und dass Bauchgefühle grundsätzlich unzuverlässig sind, wird der Zweifel zu einer Tugend. Nachdem Sie Schritt 1 und Schritt 2 hinter sich gebracht haben, werden Sie sich im dritten Schritt noch eingehender mit dem Zweifel – darunter auch dem Zweifel an sich selbst – als Tugend auseinandersetzen können. Aber dazu kommen wir noch. Zunächst einmal sollen Sie lernen, Ihr Bauchgefühl zu ignorieren.

Was kann ich tun?

Nach dieser Darstellung all der – die moderne Kultur durchdringenden – Forderungen nach Selbstreflexion und Selbstverwirklichung fragen Sie vielleicht, was Sie nun selbst tun können. Wie können Sie sich ganz konkret darin üben, *nicht* in sich hineinzufühlen? Die stoischen Philosophen haben darauf nicht nur zahlreiche Antworten, sondern bieten auch praktische Übungen, die uns helfen können. Diesbezüglich in Gang zu kommen mag vielleicht nicht immer ganz leicht sein, aber der Versuch lohnt sich. Der nächstliegende Vorschlag wäre also, etwas zu tun, zu dem Sie keine Lust verspüren. Also etwas, das sich innerlich vielleicht nicht richtig anfühlt, aber womöglich dennoch richtig ist, und zwar aus Gründen, die nichts damit zu tun haben, welche Gefühle in Ihrem Innern dabei ausgelöst werden. Der moderne Stoiker William Irvine bezeichnet dies als »Programm für freiwilliges Unbehagen«.[18] Dabei muss es sich überhaupt nicht um hochdramatische Aktionen handeln, wie etwa einem asketischen Mystiker gleich wochenlang zu hungern. Es reicht schon, »nein, danke« zum Dessert zu sagen, obwohl man Lust hätte, es zu essen und nicht gerade eine Diät durchmacht. Eine andere Idee wäre es, etwas anzuziehen, das ein wenig zu dünn ist, so dass man ein kleines bisschen friert. Oder den Bus an einem Tag zu nehmen, an dem es eigentlich praktischer wäre, mit dem Auto zu fahren. Oder bei Regen mit dem Fahrrad zu fahren, anstatt den Bus zu besteigen.

Berechtigterweise könnten Sie jetzt fragen: »Was soll dieser Unsinn?« Gemäß den Stoikern hat es zahlreiche miteinander in Zusammenhang stehende Vorteile, sich an die Durchführung von Dingen zu gewöhnen, die sich innerlich nicht »richtig anfühlen«. Zunächst einmal stärken wir damit unsere Fähigkeit, zukünftige Herausforderungen und Prüfungen zu bewältigen. Ist Wohlbehagen das Einzige, das wir kennen, wird es uns umso schwererfallen, ein Unbehagen auszuhalten, wenn wir älter oder krank werden oder wenn wir etwas oder jemanden verlieren, das bzw. der uns lieb und teuer war. Außerdem wird es unsere Angst vor zukünftigen Unglücken vermindern, wenn wir uns darin üben, im Kleinen unbehagliche Dinge zu erleben. Irvine schreibt, das Aushalten minderer Formen von Unbehagen könne uns lehren, dass unangenehme Dinge nicht notwendigerweise etwas sind, vor dem wir uns fürchten müssen. Die unbekannte Zukunft wird weniger beängstigend, sofern wir lernen, damit umzugehen, dass die Dinge sich nicht immer so gut anfühlen, wenn wir in unser Inneres hineinhorchen, um dort nach Antworten zu suchen. Und schließlich werden wir das Bestehende viel mehr wertschätzen können, wenn wir Erfahrungen damit gemacht haben, wie es ist, wenn das, was wir haben, nicht mehr da ist. Wagen wir uns einmal bei schlechtem Wetter aufs Fahrrad, wissen wir unsere Monatskarte für den Bus erst richtig zu schätzen. Und haben wir lange und umständliche Busfahrten hinter uns, wächst uns unser Auto noch mehr ans Herz. Wie schon viele der antiken Philosophen wussten, ist es eine Tatsache, dass wir eine Mahlzeit viel mehr zu schätzen wissen, wenn wir hungrig sind. Wenn wir also lernen, *nicht* immer zu essen – auch wenn die köstlichsten Speisen vor uns aufge-tischt werden –, sondern abzuwarten, bis wir hungrig sind, wird das Vergnügen an der Mahlzeit nur umso größer aus-fallen. Probieren Sie es aus: Das Ganze ist eine einfach zu bewältigende Aufgabe.

Im Buch 7 seiner *Selbstbetrachtungen* empfiehlt der römische Kaiser und Philosoph Marcus Aurelius, den »Regungen des Fleisches« widerstehen zu lernen. Den Regungen des Fleisches nachzugeben ist vermutlich so etwas wie das römische Äquivalent zum »in sich selbst hineinfühlen« und dem Bauchgefühl folgen. Genau dies aber, sagt Marcus Aurelius, soll vermieden werden, damit wir nicht zum Sklaven unserer körperlichen Bedürfnisse werden. Diesen nachzugeben könne die Vernunft ausblen-den und erschwere das Verständnis davon, was es heißt, zu gegebener Zeit und zum entsprechenden Anlass unse-re Pflicht zu tun. Es gilt also einerseits, nicht zu sehr in sich selbst hineinzufühlen, und andererseits selbst dann, wenn der Ruf des Fleisches so laut erschallt, dass er nicht mehr zu überhören ist, die Willensstärke aufzubringen, den Regungen des Fleisches zu widerstehen, wenn es die Situation erfordert. Die Stoiker meinten, es sei mit Wil-lensstärke nicht anders als mit der Muskelstärke: Je mehr wir trainieren, desto besser wird das Ergebnis. Wie banal die oben beschriebenen Beispiele auch klingen mögen, es ist vielleicht gar nicht so dumm, sich einmal darin zu üben, ein Dessert, ein Glas Wein oder eine Mitfahr-gelegenheit im Auto abzulehnen. Selbstdisziplin ist für die Stoiker eine Schlüsseltugend, eine Tugend allerdings, die in der beschleunigten Kultur – wo das Leben im Hier und Jetzt im Mittelpunkt steht und das Motto wie in der Werbung »Just do it!« lautet – zweifellos auf diverse Widrigkeiten stoßen wird. Einfach ausgedrückt, können wir uns besser auf wichtige Dinge konzentrieren, wenn wir lernen, den zahlreichen – mehr oder weniger zufälligen – Impulsen aus der Bauchregion, oder wo immer sie herkommen mögen, zu widerstehen.

Der beste Rat, wenn es darum geht, das In-sich-Hineinfühlen aufzugeben – und stattdessen etwas zu tun, wozu Sie keine Lust haben –, lautet nun nicht, sich in alle erdenklichen unsinnigen Dinge zu stürzen, sondern etwas zu tun, das in ethischer Hinsicht wertvoll ist. Und das auch, wenn es sich erst einmal nicht so gut anfühlt (denn ethisch zu handeln, ist nicht immer mit Wohlbehagen verbunden). Beispielsweise sich bei jemandem für etwas zu entschuldigen, selbst wenn es Ihnen peinlich ist. Oder Sie spenden ein wenig mehr Geld für wohltätige Zwecke, als Sie ursprünglich beabsichtigt haben. Sollte sich dann zeigen, dass Ihre Handlung langfristig mit einem guten Gefühl verbunden ist: umso besser. Denn jetzt wissen Sie ja, dass nicht das innere Gefühl darüber entscheidet, ob das, was Sie tun, das Richtige ist. Einem Stoiker ist es selbstverständlich auch erlaubt, sich gut zu fühlen – nicht zuletzt als Konsequenz des eigenen Handelns. Gleichwohl ist die Frage »Wie fühle ich mich dabei?« nicht allein der Maßstab dafür, ob man das Richtige tut.

Gut – das wissen Sie jetzt. Jetzt können wir einen Schritt weiter gehen.

2. FOKUSSIEREN SIE SICH AUF DAS NEGATIVE IN IHREM LEBEN

Es ist viel besser, ein griesgrämiger Miesepeter zu sein als eine ewig lächelnde Frohnatur. Schließlich gibt es genügend Gründe, um sich Sorgen zu machen. Jeder Mensch wird älter, erleidet Krankheiten und stirbt zu guter Letzt. Wenn Sie jeden Tag an Ihre Sterblichkeit denken, werden Sie das Leben zweifellos besser zu schätzen wissen. Dies ist das Memento mori des Stoizismus – vergiss nicht, dass du sterben wirst.

Nachdem Sie gelernt haben, dass man nicht andauernd in sich hineinfühlen – und noch seltener Entscheidungen nach dem Bauchgefühl treffen – sollte, sind Sie jetzt bereit für den nächsten Schritt. Sobald Sie weniger Aufmerksamkeit auf die Introspektion richten, haben Sie vermutlich mehr Zeit und Energie, sich mit anderen und wichtigeren Dingen zu beschäftigen. Aber was soll ich nun mit dieser Zeit anfangen?, fragen Sie vielleicht. Wie Sie schon wissen, ist die Zeit, die Sie für das »Finde dich selbst« aufbringen, eher schlecht investiert, denn es besteht die Gefahr, dass Ihnen nicht gefällt, was Sie finden, oder dass Sie schlichtweg überhaupt nichts finden. Sollten Sie die Zeit vielleicht dafür verwenden, sich ein paar »Visionen« für die Zukunft auszudenken? Oder wäre es sinnvoll, einmal »über den eigenen Tellerrand« zu blicken und sich vorzustellen, wie das Leben aussehen könnte, wenn es darin keine Begrenzungen für Sie gäbe? Immerhin hören wir ja immer wieder von »positivem Denken«. Und einige Psychologen sind gar der Ansicht, man solle ein paar »positive Illusionen« über sich selbst und sein Leben hegen, d. h. sich selbst ein wenig höher einschätzen, als es eigentlich angebracht wäre, um im Leben weiterzukommen.

Anstatt sich jedoch auf all das Positive, das Sie haben oder gerne erreichen möchten, zu fokussieren, besteht Schritt 2 nun darin, dass Sie lernen, Ihre Aufmerksamkeit auf das Negative in Ihrem Leben zu richten. Dies ist mit verschiedenen Vorteilen verbunden. Erstens erlaubt es Ihnen, nach eigenem Ermessen zu denken und sich auszudrücken. Viele Menschen finden ja durchaus Gefallen daran, sich zu beklagen. Das Benzin ist viel zu teuer geworden. Das Wetter ist schlecht. Und ist das etwa ein graues Haar? Sich über alles Erdenkliche zu beklagen wird Ihnen natürlich nicht dabei helfen, den Sinn des Lebens zu finden, aber tatsächlich ist es doch ziemlich frustrierend, wenn einem nicht erlaubt wird, sich auch mal Luft zu machen. Zweitens ist die Konzentration auf das Negative der erste Schritt auf dem Weg der Problembewältigung. An einem Samstagnachmittag etwas am Wetter zu ändern ist schlichtweg unmöglich, aber wenn Ihnen nicht erlaubt wird, auf problematische Zustände am Arbeitsplatz hinzuweisen – und nur verlangt wird, dass Sie den Erfolg im Auge behalten –, ist das Ergebnis Frustration und Verärgerung. Drittens wird die Besinnung auf all das Negative, das Ihnen widerfahren kann – und unvermeidlicherweise auch widerfahren wird (denn selbst an Positivität orientierte Psychologen sterben eines Tages) –, zu viel größerer Dankbarkeit und Freude in Ihrem Leben führen. Dies ist eine der wichtigsten Ideen der stoischen Lebensphilosophie und der primäre Grund dafür, dass die Stoiker so sehr am ultimativ Negativen interessiert waren: dem Tod. Das soll nicht heißen, dass die Stoiker eine Art Romantiker des Todes waren oder glaubten, der Tod an sich verdiene es, gefeiert zu werden. Nein, denn an den Tod zu denken war für die Stoiker etwas, das ausschließlich im Dienste des Lebens stehen sollte.

Die Tyrannei des Positiven

Die mit vielen Preisen ausgezeichnete Psychologieprofessorin Barbara Held kritisiert seit langem, was sie als »Tyrannei des Positiven«[19] bezeichnet. Ihrer Ansicht nach ist Positivität insbesondere in den USA weit verbreitet, hat sich aber auch in den meisten westlichen Ländern als akzeptierte und anwendbare Allgemeinpsychologie durchgesetzt – wir sollen »positiv denken«, »an Ressourcen orientiert« arbeiten und Probleme als interessante »Herausforderungen« betrachten. Dieses Phänomen hat sich inzwischen sogar dahingehend entwickelt, dass ernstlich erkrankte Menschen »durch die Krankheit lernen« und idealerweise als gestärkte Individuen aus dem Prozess hervorgehen sollen.[20] In unzähligen Selbsthilfebüchern und schriftlichen Leidensbekenntnissen berichten sowohl von physischen als auch von psychischen Krankheiten betroffene Menschen, dass sie froh seien, die Krise erlebt zu haben, weil sie so viel daraus lernen konnten. Ich glaube, dass viele, die ernstlich krank oder auf andere Weise in eine Lebenskrise geraten sind, einen ungeheuren Druck dabei empfinden, sich in ihrer Situation auf das Positive konzentrieren zu sollen. Vermutlich würden nur wenige laut auszusprechen wagen, dass ihre Krankheit oder Krise

ein grauenhaftes Erlebnis war, das sie lieber nicht durchgemacht hätten. Ein typischer Buchtitel könnte lauten *Wie
ich den Stress bewältigt – und was ich daraus gelernt habe*,
wohingegen *Der Stress macht mich fertig – und ist ein nicht
enden wollender Alptraum* vermutlich nur schwer zu finden wäre. Es reicht also nicht, dass wir gestresst oder krank
werden und letztlich sterben, nein, es wird zudem erwartet, dass wir diesen Umstand als lehrreich und bereichernd
empfinden.

Wenn Sie – wie ich – nun der Ansicht sind, dass hier
etwas gänzlich falschläuft, sollten Sie weiterlesen und lernen, wie Sie die Tyrannei des Positiven bekämpfen können, indem Sie sich stärker auf das Negative fokussieren.
Denn so werden Sie besser dafür gerüstet sein, standhaft
zu bleiben und dort Halt zu finden, wo Sie gerade sind.
Wir müssen uns das Recht zurückerobern, zu denken, dass
etwas einfach nur schlecht ist – und das ohne Vorbehalte.
Glücklicherweise haben verschiedene Wissenschaftler inzwischen eine Sensibilität für dieses Thema entwickelt,
darunter der kritische Psychologe Bruce Levine. Er meint,
das auf Positiver Psychologie basierende Mantra, Opfer
müssten ihre Haltung ändern, sei mittlerweile die Nummer eins auf der Liste der Maßnahmen, mit denen Ange-
hörige des Gesundheitswesens das Leiden der Menschen
verstärken.[21] »Sie müssen einfach nur positiv denken!« ist
in Wirklichkeit eine der größten Kränkungen, die man
einem Menschen in Not zufügen kann. Nummer zehn auf
Levines Liste lautet übrigens »Entpolitisierung des
menschlichen Leidens«, womit gemeint ist, dass alle
erdenklichen Unglücke, die Menschen widerfahren,
häufiger ihrem eigenen individuellen Unvermögen (mangelnde Motivation, pessimistische Grundhaltung usw.)

zugeschrieben werden als den äußeren Umständen, unter
denen sie entstehen.

Positive Psychologie

Barbara Held ist wie schon erwähnt eine der schärfsten
Kritikerinnen der Positiven Psychologie, die sich als For-
schungsbereich seit Ende der 1990er Jahre explosionsartig
ausgebreitet hat. Positive Psychologie kann als wissenschaftliche Reflexion über die Faszination an Positivität in
der sich beschleunigenden Kultur gesehen werden. Die
Positive Psychologie nahm im Jahr 1988 deutlich Fahrt
auf, als Martin Seligman Präsident der American Psychological Association wurde. Seligman hatte seine Repu-
tation aufgrund der Theorie über erlernte Hilflosigkeit als
Faktor bei Depressionen erlangt. Erlernte Hilflosigkeit ist
ein Zustand von Apathie – oder zumindest der fehlende
Wille, etwas an schmerzhaften Erlebnissen zu ändern –,
und dies sogar in Situationen, in denen man tatsächlich
über eine Option verfügt, die eine Vermeidung von
Schmerz ermöglichen könnte. Seligman hatte seine Theorie mit Hilfe von Versuchen entwickelt, bei denen Hunden
elektrische Schocks verabreicht wurden. Nachdem er (verständlicherweise) keine Lust mehr hatte, Hunde zu foltern,
wollte er sich einem eher lebensbejahenden Thema zu-
wenden und konzentrierte sich stattdessen auf Positive
Psychologie.

Die Positive Psychologie richtet sich gegen die Fokussierung auf menschliche Probleme und menschliches
Leiden, die bis dahin große Teile der Psychologie geprägt
hatte (Seligman bezeichnete die Standardpsychologie mit-

unter als »negative Psychologie«), und konzentriert sich stattdessen auf das Gute im Dasein und in der menschlichen Natur. Insbesondere wird danach gefragt, was Glück ist, wie es erreicht werden kann und, falls vorhanden, welche positiven menschlichen Charaktereigenschaften existieren.[22]

Als Seligman Präsident des Psychologenverbandes wurde, nutzte er seine Position, um die Positive Psychologie bekannter zu machen. Dies gelang ihm so gut, dass es heute zahlreiche Ausbildungsprogramme, Zentren und wissenschaftliche Publikationen gibt, die sich mit dem Thema beschäftigen. Nur wenige andere psychologische Konzepte haben – wenn überhaupt – so schnell die Aufmerksamkeit eines breiten Publikums wecken können, wobei es durchaus zum Nachdenken anregt, dass die Positive Psychologie als Instrument für Lebensoptimierung und Weiterentwicklung jedweder Art so leicht und einfach in der beschleunigten Kultur Einzug halten konnte.

Selbstverständlich ist es völlig legitim, nach Faktoren zu forschen, die das Wohlbefinden bestimmen, die »optimale Erlebnisse« bewirken und unsere Leistungsfähigkeit erhöhen. Doch in den Händen von Beratern und Coaches – oder begeisterten Managern, die Schnellkurse in »positivem Führungsstil« absolviert haben – reduziert sich diese Psychologie schnell auf ein simples Instrument, mit dem Kritik unterdrückt werden kann. Einige Soziologen sprechen mittlerweile sogar von Positivitätsfaschismus, den sie sowohl im positiven Denken als auch in Ansätzen der Team- und Organisationsentwicklung wie etwa Appreciative Inquiry (Wertschätzende Untersuchung) ausmachen.[23] Der Begriff Positivitätsfaschismus bezieht sich auf eine Form von Gedankenkontrolle, die entstehen kann, wenn ausschließlich die positiven Aspekte des Daseins hervorgehoben werden.

Eher anekdotisch sei hier hinzugefügt, dass die negativsten Erlebnisse, die ich in akademischen Diskussionen je hatte, zweifelsohne mit Positiven Psychologen verbunden waren. Als ich mich vor einigen Jahren in einem Frauenmagazin und in einer Tageszeitung kritisch über Positive Psychologie geäußert habe, waren die Reaktionen geradezu dramatisch.[24] Drei dänische Psychologen, die professionell mit Positiver Psychologie zu tun haben (und deren Namen ich nicht erwähnen möchte), beschwerten sich bei der Leitung meiner Universität und beschuldigten mich der »wissenschaftlichen Unredlichkeit«. Ein Vorwurf, der im akademischen System kaum schlimmer ausfallen könnte. Die Anklage lautete, ich hätte die Positive Psychologie als eindeutig negativ dargestellt und im Übrigen das Forschungsgebiet absichtlich mit der praktischen Anwendung der Forschung vermischt. Glücklicherweise wies meine Universität die Klage rundweg ab, aber die Reaktion der Psychologen erzeugte doch eine nicht geringe Besorgnis in mir. Anstatt einen Leserbrief zu schreiben und die Diskussion in einem öffentlichen Forum zu führen, entschieden sich die Positiven Psychologen dafür, meine akademische Integrität bei der Universitätsleitung in Zweifel zu ziehen. Ich erwähne diese Geschichte hier, weil es doch nicht einer gewissen Ironie entbehrt, dass ausgerechnet diese Positiven Psychologen überhaupt nicht daran interessiert waren, eine wissenschaftliche Diskussion in der Öffentlichkeit zu führen. Ganz offensichtlich gibt es Grenzen für Offenheit und einen wertschätzenden Zugang! (Wobei ich hinzufügen möchte, dass glücklicherweise nicht alle Vertreter der Positiven Psychologie derart agieren.) Absurderweise wurde meine Kritik an der Tyrannei des Positiven bekräftigt – es wurde deutlich, dass Negativität und Kritik (nicht zuletzt die Kritik an der Positiven Psychologie!) unbedingt und mit welchen Mitteln auch immer eliminiert werden sollen.

Der positive, wertschätzende, anerkennende Chef

Falls Sie selbst schon einmal mit Positiver Psychologie in Kontakt waren – zum Beispiel in Ausbildungszusammenhängen oder im Arbeitsleben – und vielleicht im Rahmen eines Evaluationsgespräches aufgefordert wurden, über Erfolge zu sprechen, obwohl Sie tatsächlich ein drängendes Problem erörtern wollten, haben Sie möglicherweise ein Unbehagen verspürt, das nur schwer in Worte zu fassen ist. Denn wer möchte nicht als tatkräftiges und kompetentes Individuum geschätzt werden und sich auf dieser Basis weiterentwickeln? Moderne Manager möchten ihre Mitarbeiter gern anerkennen und wertschätzen. Das folgende Beispiel soll zeigen, welche Terminologie von Führungskräften für die Beschreibung der Vorgehensweise verwendet wird, die in Gesprächen über die Entwicklungsbewertung von Mitarbeitern zur Anwendung kommt. Die Idee dabei ist, dass die Mitarbeiter die Prinzipien des Evaluationsgespräches verstehen sollen.

Das Gespräch über die Leistungsbewertung und Entwicklung von Mitarbeitern ist ein Forum, in dem wir über Möglichkeiten reden. Indem wir uns darauf besinnen, was wir tun, wenn wir etwas gut machen, und

darüber reflektieren, was die Zusammenarbeit am Ar-
beitsplatz optimal funktionieren lässt und was unsere
Zufriedenheit maximiert, können wir realisieren, welche
Faktoren die Entwicklung vorantreiben und was erfor-
derlich ist, um die erwünschten Ziele zu erreichen.
Mein Wunsch ist, dass wir im Rahmen des Evaluierungs-
gespräches herausfinden, was genau wir tun, wenn die
Dinge richtig gut laufen. Ich möchte Sie einladen, auf
den Erfolgen in Ihrem Arbeitsleben aufzubauen.[25]

Moderne Führungskräfte möchten nicht als eindeutige
und strenge Autoritäten gesehen werden, die Anord-
nungen erteilen und Entscheidungen treffen, sondern als
Personen, die eine ganz andere, sanfte Gewalt ausüben,
indem sie ihre Mitarbeiter zu Gesprächen »einladen«, in
denen »Erfolge« erörtert werden, durch welche »die Zufriedenheit maximiert« werden kann. Man soll also einfach vergessen, dass zwischen Führungsebene und Mitarbeitern noch immer eine eindeutige Macht-Asymmetrie
herrscht und dass einige Ziele eindeutig legitimer sind als
andere. Zum Beispiel sollten wir erst neulich an meinem
ansonsten ausgezeichneten Arbeitsplatz »Visionen« für
die Entwicklung desselben formulieren. Mein Vorschlag,
wir sollten danach streben, ein durchschnittlich gutes
Institut zu bleiben, stieß auf nur wenig Gegenliebe. Ich
war der Ansicht, dass dies für eine kleine Universität ein
sowohl realistisches als auch erstrebenswertes Ziel sei.
Doch heutzutage muss alles »Weltklasse« sein oder unter
den »Top 5« rangieren, wobei der Weg dorthin ausschließlich mit der Fokussierung auf Erfolg und Möglichkeiten
gepflastert ist. Man könnte auch von einem Zwang zur
Positivität sprechen. Nur das Beste ist gut genug, und es

kann angeblich erreicht werden, indem wir große Träume hegen und positiv denken.

Die Schuld dem Opfer zuschreiben

Gemäß den Kritikern dieses Positivitätszwanges, darunter die bereits erwähnte Barbara Held, kann die eindeutige Fokussierung auf das Positive dazu führen, dass man »dem Opfer die Schuld zuschreibt«, d. h. Formen des menschlichen Leidens oder Unvermögens werden damit erklärt, dass es dem Individuum an einer hinreichend optimistischen und positiven Lebenshaltung mangelt oder dass es nicht in ausreichendem Maße über »positive Illusionen« verfügt, wie es von gewissen Positiven Psychologen (darunter Seligman) vertreten wird. Positive Illusionen bestehen aus eingebildeten Vorstellungen von einem Selbst, das besser erscheint, als es tatsächlich ist. Man denkt also, etwas klüger, tüchtiger oder effizienter zu sein, als es der Fall ist. Die Forschung deutet darauf hin (auch wenn die Resultate nicht ganz eindeutig sind), dass Menschen, die an Depressionen leiden, sich selbst tatsächlich realistischer betrachten als Menschen, die von dieser Krankheit nicht betroffen sind. Nun könnte man in der Tat fürchten, dass der positive Zugang eine kulturelle Forderung nach Positivität und Glück vorantreibt, die dann in der beschleunigten Kultur paradoxerweise selbst Leiden hervorruft, wenn Menschen sich schuldig fühlen, weil sie nicht permanent glücklich und erfolgreich sind (siehe die vorher bereits erwähnte Paradox-Maschine).

Ein anderer – aber damit im Zusammenhang stehender – Kritikpunkt betrifft die Verharmlosung der Bedeutung des Kontextes, die in Teilen des positiven Zugangs mitunter zu finden ist. Wenn die Hypothese lautet, das Glück des Individuums werde in erster Linie von »internen« und nicht »externen« Faktoren (wie etwa verschiedenen sozialen Faktoren, die mit dem sozioökonomischen Status o. Ä. verknüpft sind) bestimmt, dann ist es ja meine eigene Schuld, wenn ich unglücklich bin. In seinem Bestseller *Der Glücks-Faktor* kommt Seligman zu dem Schluss, dass nur acht bis fünfzehn Prozent der Glücksvarianz äußeren Faktoren geschuldet sind, wie zum Beispiel in Verbindung damit, ob die Gesellschaft, in der man lebt, eine Demokratie oder eine Diktatur ist, ob man arm oder reich ist, gesund oder krank oder ob man eine höhere Ausbildung genossen hat oder nicht. Die eindeutig wichtigste Quelle des Glücks ist laut Seligman in »inneren Umständen« zu finden, die in viel stärkerem Maße der »Kontrolle des Willens« unterliegen (dabei geht es unter anderem um die Generierung positiver Gefühle, um Dankbarkeit, Vergebung, Optimismus und nicht zuletzt um das Vertrauen in die eigenen Signaturstärken, also Stärken, die das einzelne Individuum charakterisieren). Glück entsteht demnach dadurch, dass man seine inneren Stärken findet, sie realisiert und dafür sorgt, dass positive Gefühle entwickelt werden. Diese Betonung der Bedeutung »des Inneren«, also dessen, was der Kontrolle des Willens untersteht, trägt zu der problematischen Ideologie bei, die darin besteht, dem Individuum abzuverlangen, sich ständig weiterzuentwickeln und am Ball zu bleiben sowie die Fähigkeit zum positiven Denken zu entwickeln, um in der sich beschleunigenden Kultur überleben zu können.

Sich beklagen

Barbara Held postuliert eine Alternative zum Positivitäts-
zwang, die da lautet: Beklage dich. Sie hat sogar einen
Bestseller darüber geschrieben, wie man sich beklagt und
beschwert, eine Art Selbsthilfebuch für Nörgler. Der eng-
lische Titel lautet: *Stop Smiling, Start Kvetching*.[26] Kvetching ist ein Wort aus dem Jiddischen (Held ist Jüdin),
und Herumnörgeln ist die wohl zutreffendste Übersetzung
ins Deutsche. Ohne mich als Experte für jüdische Kultur
bezeichnen zu wollen (meine primären Quellen sind die
Filme von Woody Allen), ist mein Eindruck allerdings,
dass hier eine weitverbreitete Praxis besteht, sich über
alles Mögliche und Unmögliche zu beklagen, was anscheinend große Freude und Zufriedenheit bei denen hervorruft, die diese Praxis ausüben. In der Öffentlichkeit mal
so richtig vom Leder zu ziehen ist schließlich eine feine
Sache. Die Menschen haben etwas zum Reden, und
gemeinsame Nörgelei schafft ein gewisses Gefühl von
Zusammengehörigkeit.

Der grundlegende Tenor in Helds Nörgel-Buch lautet,
dass das Leben niemals völlig in Ordnung ist. Manchmal
ist es eben bloß etwas weniger mies. Das bedeutet, es gibt
ständig etwas, worüber man sich beklagen kann. Fallen die
Wohnungspreise, beklagen wir uns über den verminder-
ten Marktwert. Und steigen die Wohnungspreise, können
wir uns darüber aufregen, wie oberflächlich die Menschen
doch sind, wenn sie die ganze Zeit nur den steigenden
Marktwert im Blick haben. Das Leben ist hart. Laut Held
ist aber nicht das unser eigentliches Problem. Das Problem
ist, dass wir permanent dazu gedrängt werden, so zu tun,
als wäre es nicht hart. Wenn jemand fragt, wie es uns geht,

wird erwartet, dass wir »Ausgezeichnet!« erwidern. Selbst dann, wenn es uns tatsächlich nicht so gutgeht, weil der Partner uns gerade betrogen hat oder eine Kündigung im Briefkasten gelandet ist. Indem Sie sich mehr auf das Negative konzentrieren – und sich darüber beklagen –, erlernen Sie einen Mechanismus, mit dem Sie das Leben besser handhaben können. Nörgelei ist aber nicht nur eine Maßnahme, die dazu dient, besser mit bestimmten Situationen umgehen zu können. Die Freiheit, sich über etwas zu beklagen, erwächst aus der Fähigkeit, der Realität in die Augen zu blicken und sie so zu akzeptieren, wie sie ist. Daraus entsteht eine Form von menschlicher Würde, die in krassem Gegensatz zur Haltung der stets positiven Person steht, die geradezu manisch darauf beharrt, dass es schlechtes Wetter gar nicht gibt (sondern nur falsche Kleidung). Aber schlechtes Wetter kommt eben manchmal vor, und dann ist es überaus befreiend, sich darüber beklagen zu können, wenn man zu Hause im Trockenen bei einer Tasse Tee sitzt.

Auch wenn es nicht zu positiven Veränderungen führt, müssen wir uns das Recht auf Nörgelei zurückerobern. Aber wenn es zu positiven Veränderungen führen *kann*, ist es wesentlich und umso wichtiger. In der Regel sind Klagen nach außen gerichtet: Wir beklagen uns über das Wetter, über die Politik oder über die Fußballergebnisse. Meist geht es dabei um etwas anderes als um uns selbst. Die positive Haltung ist hingegen nach innen gerichtet – geht etwas schief, sollen wir darüber nachdenken, was mit uns selbst und mit unserer Motivation nicht stimmt. Das Ganze ist meine Schuld! Arbeitslose brauchen sich erst gar nicht über das Sozialsystem zu beschweren, sondern müssen sich nur zusammenreißen, positiv denken und einen

Job suchen. Stets geht es um den »Glauben an sich selbst«. Doch ist dies ein reichlich engstirniges Konzept, weil es wesentliche soziale, politische und ökonomische Probleme auf die Frage nach der Motivation und Positivität des Individuums reduziert.

Zurechtkommen

Meine Großmutter pflegt des Öfteren zu sagen, man solle mit dem Leben einfach »zurechtkommen«. Treten Probleme auf, sollten wir ihrer Meinung nach nicht danach streben, sie zu »lösen«. Das wäre zu viel verlangt. Ein Problem zu lösen bedeutet, es zu meistern oder zu beseitigen. Aber es gibt nun mal viele Dinge, die sich nicht einfach aus der Welt schaffen lassen. Menschen sind verletzbar und zerbrechlich, sie werden krank und sterben letzten Endes. Dieses Problem können wir nicht »lösen«. Aber wir können damit zurechtkommen oder anders ausgedrückt: Wir erkennen die Probleme an und lernen, mit ihnen zu leben. Diese Einstellung bietet ebenfalls die Möglichkeit, Halt zu finden und standhaft zu sein. Denn lässt sich etwas nicht ändern, können wir es genauso gut hinnehmen. Lieber der Realität ins Auge blicken, als im »Paradies der Narren« leben, wie meine Großmutter sagen würde. Oder: »Besser ein unglücklicher Sokrates sein als ein glücklicher Narr«, wie sich der britische Utilitarist John Stuart Mill im 19. Jahrhundert ausdrückte. Nicht alles lässt sich lösen, und nicht alles kann in positives Glück verwandelt werden. Doch gibt es andere Aspekte im Leben, wie etwa Würde und Realitätssinn, nach denen es zu streben gilt. Der Punkt ist, dass Sie lernen sollten,

58

einen Blick auf das Negative zu wagen. Sie mögen vielleicht in der Lage sein, ein paar positive Veränderungen
vorzunehmen, die negativen Aspekte bleiben aber dennoch bestehen. Akzeptieren Sie es! Ungeachtet dessen
müssen wir das Recht haben, die negativen Dinge zu
kritisieren und uns darüber zu beklagen. Sind wir ausschließlich optimistisch und positiv eingestellt, laufen wir
Gefahr, dass der Schock umso größer wird, wenn irgend-
etwas nicht so läuft, wie wir es gern hätten. Eine Fokussierung auf das Negative rüstet Sie für zukünftiges Unge-
mach. Abgesehen davon kann Nörgelei über negative
Aspekte das Bewusstsein für die guten Dinge schärfen, aus
denen das Leben ansonsten besteht. »Mein Zeh ist gerade
entzündet, aber das restliche Bein ist kerngesund!«

Was kann ich tun?

Jetzt kommen wir zu einem der wichtigsten Punkte in der
Philosophie der Stoiker. Wenn Sie lernen möchten, wie Sie
dem Negativen fester in die Augen blicken können, rate
ich zu einer stoischen Technik, die negative Visualisierung
genannt wird. So weit ich weiß, wird beim positiven
Denken stets die positive Visualisierung empfohlen. Sie
stellen sich etwas Positives vor und wollen damit erreichen, dass es tatsächlich geschieht. Beispielsweise nutzen Sportler diese Methode beim Training. Ihre Trainer
helfen ihnen dabei, ein Ziel zu visualisieren, damit es erreicht werden kann. Ein typisches Buch, das dabei helfen
soll, das Selbstwertgefühl zu erhöhen, empfiehlt den
Lesern, positive Tagträume zu entwickeln. »Um Ihr Selbstwertgefühl zu starken, stellen Sie sich vor, dass Sie etwas

auf bewundernswerte und phantastisch einträgliche Weise erledigen«.[27] Als Gegengewicht zu solch positiven Phantasien könnten Sie nun anfangen, sich ständig über etwas zu beklagen – dies würde Ihre Umwelt aber vermutlich schnell ermüden, besonders dann, wenn Sie permanent herumnörgeln, ohne dabei dieses gewisse Augenzwinkern erkennen zu lassen. Die negative Visualisierung der Stoiker bietet dagegen einen angemessenen Weg, die Negativität zu praktizieren.

Viele der Stoiker haben mit negativer Visualisierung gearbeitet. In Senecas Brief an Marcia, die noch drei Jahre nach dem Tod ihres Sohnes von Trauer überwältigt war, schreibt er, sie müsse begreifen, dass alles im Leben nur »geliehen« sei. Und Fortuna könne jederzeit und ohne Vorwarnung alles wieder wegnehmen. Einmal mehr verdeutlicht diese Erkenntnis, wieso es so wichtig ist, das zu lieben, was wir in der kurzen Zeit, in der wir es besitzen, unser Eigen nennen.[28] In einem anderen Brief warnt Seneca davor, den Tod als ein Ereignis zu betrachten, das uns in der fernen Zukunft ereilt. Denn im Prinzip kann der Tod jederzeit eintreffen.

Lass uns daher beständig an unsere Sterblichkeit denken wie an die von all denen, die wir lieben. […] Weil ich das nicht getan habe, hat mich der Schicksalsschlag ganz plötzlich und unvorbereitet getroffen. Jetzt bedenke ich, dass alles sterblich ist und nach einer ganz unberechenbaren Gesetzmäßigkeit sterblich; heute kann geschehen, was irgendwann einmal geschehen kann.[29]

Epiktet empfiehlt – ganz direkt und sehr spezifisch –, jedes Mal an die Sterblichkeit unserer Kinder zu denken, wenn wir ihnen einen Gutenachtkuss geben. Das mag vielleicht übertrieben klingen, aber Epiktet meint damit, wir sollten stets die Möglichkeit in Erwägung ziehen, dass unsere Kinder am nächsten Morgen nicht mehr aufwachen.[30] Dies erinnert uns an die menschliche Sterblichkeit, und indem wir es tun, stärkt es unsere familiären Bande und erlaubt uns vielleicht, die Fehler unserer Kinder eher zu akzeptieren. Die meisten Eltern kennen die Verzweiflung, die sich einstellt, wenn ein Baby weint und nicht mehr einschlafen will. Doch diese Verzweiflung kann sich schnell in Freude über die Existenz des Kindes verwandeln, wenn man sich an seine Sterblichkeit erinnert. Epiktet würde wohl sagen, dass es besser ist, ein schreiendes Kind in den Armen zu wiegen als ein totes. Durch die negative Visualisierung können wir lernen, das Weinen des Kindes besser auszuhalten.

Letztendlich müssen wir unsere eigene Sterblichkeit in Betracht ziehen. *Memento mori* – bedenke, dass du sterben wirst! Denken Sie jeden Tag daran. Doch nicht auf eine Weise, die Sie lähmt oder verzweifelt macht, sondern so, dass Sie sich schrittweise an den Gedanken gewöhnen und das Leben besser wertschätzen können. Sokrates definierte die Philosophie als die Kunst, das gute Sterben zu erlernen. Wie schon erwähnt, spornt uns die zeitgenössische Kultur dazu an, uns auf die positiven Aspekte in unserem Leben zu fokussieren. Alle sprechen über »das gute Leben«, aber nicht darüber, wie man lernt, gut zu sterben. Doch das sollten wir vielleicht. Der französische Philosoph Montaigne schrieb: »Wer Sterben gelernt hat, der hat das Dienen verlernt.« Sinn und Zweck, an den Tod zu denken, besteht nicht darin, vom Tod um seiner selbst willen fasziniert zu sein. Vielmehr geht es darum, dass wir, indem wir uns daran gewöhnen, an das ultimativ Negative zu denken, vermeiden, von der Furcht vor dem Tod aufgezehrt zu werden – und somit ein besseres Leben führen können.

Es gibt also zwei Aspekte bei der negativen Visualisierung, und die beiden Übungen dazu lauten wie folgt:

Stellen Sie sich vor, etwas (oder jemanden) zu verlieren, das bzw. der Ihnen wichtig ist, und achten Sie darauf, welche Freude Sie darüber empfinden, dass diese Sache (oder Person) existiert. Psychologen sprechen hierbei von »hedonistischer Adaption«, d. h., wir gewöhnen uns sehr schnell daran, dass es das Gute im Leben gibt. Die negative Visualisierung kann der hedonistischen Adaption entgegenwirken und uns dankbarer werden lassen. (Übrigens ist auch bei Positiven Psychologen die hedonistische Adaption Bestandteil von Untersuchungen.)

Stellen Sie sich vor, dass Sie eines Tages Ihre sterbliche Hülle zurücklassen: Jeder von uns wird alt, krank und stirbt am Ende. Wenn Sie jeden Tag darüber nachdenken, werden Sie das Leben besser zu schätzen wissen – einschließlich der unvermeidbaren Krisen. Der Tod ist kein »Problem«, das Sie »lösen« können, aber mit etwas Übung werden Sie in der Lage sein, mit dem Gedanken daran zurechtzukommen.

Nachdem Sie nun gelernt haben, sich auf das Negative in Ihrem Leben zu konzentrieren, können wir zum nächsten Schritt übergehen. Dabei geht es darum, wie man lernt, nein zu sagen. Probieren Sie doch mal, Ihren Nein-Hut aufzusetzen!

3. SETZEN SIE
DEN NEIN-HUT AUF

*Den Satz »Ich will das nicht machen« auszusprechen ver-
mittelt Stärke und Integrität. Nur Roboter sagen immer
ja. Befinden Sie sich zum Beispiel in einem Evaluationsge-
spräch und Ihr Vorgesetzter möchte, dass Sie an einem
Workshop zur »persönlichen Entwicklung« teilnehmen,
dann lehnen Sie den Vorschlag höflich ab! Erwidern Sie,
dass Sie am Arbeitsplatz stattdessen lieber einen Kuchen-
tag einführen möchten. Probieren Sie, täglich mindestens
fünf Mal etwas abzulehnen.*

Haben Sie die ersten beiden im Buch beschriebenen
Schritte absolviert, dann haben Sie gelernt, weniger Zeit
auf die Introspektion zu verwenden, und Sie haben entdeckt, wie wertvoll es ist, sich auf das Negative in Ihrem
Leben zu fokussieren. Selbstverständlich ist es nun nicht
verboten, in sich hineinzufühlen oder zwischendurch einmal das Positive zu sehen. Ganz und gar nicht! Es geht
schlichtweg darum, dem weitverbreiteten Irrglauben zu
widerstehen, dass »die Antwort in dir selbst« liegt und
dass man sie finden kann, indem man »in sich hinein-
fühlt«. Es gibt gute Gründe dafür, standhaft zu sein und
der zwanghaften Positivität zu widerstehen, von der die
moderne Gesellschaft durchdrungen ist und die Sie davon
zu überzeugen versucht, Negativität sei unerwünscht und
gefährlich.

Der dritte Schritt handelt nun davon, wie es gelingen

kann, öfter einmal nein zu sagen. Im Lauf der letzten Jahrzehnte haben wir immer wieder von der Bedeutung von Anerkennung, Wertschätzung und Positivität gehört. Wir sollten einen »Ja-Hut« tragen. Nun aber ist die Zeit gekommen, den »Nein-Hut« aus dem Schrank zu holen und ihn wieder einmal aufzusetzen. Nein zu sagen signalisiert, dass Sie ein erwachsener Mensch mit einem gewissen Maß an Integrität sind. Auch in der Entwicklung eines jeden Kindes ist das Nein-Sagen überaus wichtig. Wenngleich die meisten Eltern (einschließlich meiner eigenen Person) sich Kinder wünschen, die bis zu einem gewissen Grad gehorsam sind, stellt das erste »Nein« doch einen entscheidenden Schritt auf dem Weg zu Selbständigkeit und Unabhängigkeit dar. Ein bekannter Kinderpsychologe drückt das so aus: »[...] nimmt das Kind nun bewusst den Charakter eines Individuums an und ist rein sprachlich in der Lage, sich von den Eltern zu distanzieren. Dieser Akt der Opposition ist der Beginn der Autonomie.«[31]

Die Idee von der »Annahme eines Charakters« ist bedeutsam. Im Gegensatz zu anderen psychologischen Konzepten wie Persönlichkeit und Kompetenzen (an denen Sie »arbeiten« und die Sie »entwickeln« können) verweist der Begriff Charakter auf einen gemeinsamen Horizont moralischer Werte. Ein Individuum, das Standhaftigkeit beweist und bestimmte tradierte Werte übernimmt und vertritt – und somit fähig ist, nein zu sagen, wenn diese Werte bedroht werden –, gilt als jemand, der »Charakter« hat. Ein Wort, das ich in diesem Buch als beinahe synonymen Begriff verwende, ist Integrität. Integrität bedeutet, nicht andauernd den neuesten Trends hinterherzujagen, sondern in Übereinstimmung mit einer bestimmten Idee zu leben, die einem wichtiger ist als alles andere. Integrität beinhaltet den

64

Versuch, eine über Zeit und Kontext hinausweisende kohärente Identität zu etablieren – und darauf zu beharren. Das Gegenteil von Integrität bedeutet, ständig den Ja-Hut zu tragen und niemals Zweifel daran zu hegen, ob es gut und richtig ist, ja zu sagen und immer etwas Neues auszuprobieren. Ein altmodischer Name für diesen Menschentypus lautet »Leichtfuß«. Geht man davon aus, dass Nein-Sagen eine der entscheidenden Bedingungen für Unabhängigkeit darstellt, so ist der Leichtfuß – der stets den Ja-Hut trägt – vermutlich die unselbständigste Person schlechthin. Hat man nur einen Ja-Hut zur Verfügung, läuft man Gefahr, Opfer jeder Art von Launen und Einfällen zu werden – einerlei, ob diese nun von innen oder von außen kommen. Um einen alten sozialpsychologischen Begriff zu verwenden: Sie werden »fremdkontrolliert«, wenn Sie gemäß der Maxime leben, dass es immer gut ist, zu allen Angeboten ja zu sagen, woraus diese auch bestehen mögen. Um Abhilfe zu schaffen, ist größere innere Kontrolle erforderlich, wobei ich unterstreichen möchte, dass ich hier keinesfalls der Bauchgefühl-Philosophie das Wort reden möchte. Ihr Bauchgefühl kann nämlich ebenso gut von außen gesteuert sein, weil es in einer vernetzten, auf Kommunikation beruhenden Gesellschaft verschiedenen Einflüssen wie etwa Werbung unterliegt. Wahre innere Kontrolle – in diesem Buch Integrität genannt – besteht aus dem Festhalten an moralischen Werten, dem Wissen um die Bedeutung von Pflicht und Verantwortung sowie der Anwendung von Vernunft, um entscheiden zu können, was in einer gegebenen Situation richtig oder falsch ist. Hat man Integrität, wird man vermutlich öfter nein sagen müssen, denn in der beschleunigten Kultur gibt es vieles, das es verdient, aufgegeben zu werden.

Was ist der Ja-Hut,
und wozu tragen wir ihn?

Der »Ja-Hut« wird meist in dem Sinne verwendet, dass wir glauben, jemand müsste ihn tragen, der gleichzeitig Schwierigkeiten dabei hat, ihn zu finden. Am Arbeitsplatz soll man den Ja-Hut hervorholen, wenn man gerade nicht ausreichend genug positiv oder entwicklungsorientiert eingestellt ist. Die zugrunde liegende Prämisse lautet, dass es immer gut ist, ja zu sagen, und schlecht, nein zu sagen. Aber diese Prämisse ist natürlich reichlich absurd. Jeden Tag werden wir mit Versuchungen und Anreizen konfrontiert, zu denen wir nein sagen sollten – glücklicherweise gelingt uns das häufig. Was ist also der Ja-Hut, und welche Berechtigung hat er? Vielleicht können wir so etwas wie eine Antwort finden, wenn wir einmal genauer in die Tiefen der positiven »Ja-Kultur« blicken. Als Beispiel soll hier die Zusammenfassung eines Vortrags der ehemaligen dänischen Elite-Golfspielerin Iben Tinning dienen:

Iben Tinning möchte Sie, basierend auf ihren Erfahrungen aus einer langen Sportlerkarriere auf absolutem Top-Niveau, dazu inspirieren und motivieren, sich Ziele im Leben zu setzen und zu erkennen, wie wertvoll es ist, diese laut auszusprechen. Es erfordert Mut, sich selbst treu zu sein und gegen Kräfte wie mangelndes Selbstwertgefühl oder das Prinzip des »Keiner-soll-besser-als-der andere-sein« anzukämpfen, aber sowohl die Siege als auch Ihre Zufriedenheit werden dadurch nur umso größer sein.

Iben will mit dem Ausdruck »Setzen Sie den Ja-Hut auf« den Synergieeffekt beschreiben, den Sie durch auf andere

abfärbendes Verhalten erreichen können, und verdeut-
lichen, wie die richtige Haltung zu Erfolg und Wohlbe-
finden führen kann.

Wie erreichen wir dies angesichts einer Welt, in der die
Konkurrenz ständig größer wird, der Druck auf den Ein-
zelnen zunimmt, keiner als Erster durchs Ziel gehen darf
und »weitere Beschränkungen« existieren?

Setzen Sie sich ein Ziel und wagen Sie, es laut auszu-
sprechen.
Kämpfen Sie für Ihren Erfolg.
Leben Sie das Leben, wie Sie wollen, und nicht, wie es
von Ihnen erwartet wird.[32]

Der obige Textauszug wartet mit zahlreichen positiven
Begriffen auf, denen wir in unserer beschleunigten Kultur
häufig begegnen. Wir sollen Inspiration und Motivation
finden und uns selbst treu sein. Anders ausgedrückt, sollen
wir also auf das Innere fokussieren und daran arbeiten,
indem wir – in diesem Kontext – den Mut aufbringen, ja
zu sagen. Das heißt, wir setzen uns Ziele, lernen, dafür zu
kämpfen, und tun endlich das, wozu wir Lust haben, und
nicht das, was von uns erwartet wird. Das Paradoxe an
dieser Idee ist aber nun, dass man den Erwartungen anderer gar nicht entkommen kann, wie hier suggeriert wird,
denn in unserer heutigen Zeit herrscht ja gerade die
Erwartung, dass man sich Ziele setzt, dafür kämpft und
so lebt, wie man es möchte – und dabei also immer den
Ja-Hut trägt. Hat man hingegen keine Lust, sich auf diese
miteinander verbundenen Forderungen einzulassen, gilt
man als widerspenstig und sonderbar. Nicht gut! Dann
haben Sie den Nein-Hut vielleicht ein wenig zu oft getra-

gen – was definitiv als falsch gilt (auch wenn Sie tatsächlich Lust dazu hatten, ihn zu tragen).

Ich habe durchaus nicht die Absicht, Iben Tinning und anderen Trägern des Ja-Hutes einen grundsätzlichen Irrtum vorzuwerfen. Ihre Argumentation hat durchaus etwas für sich, aber es wird problematisch, wenn der Ja-Hut zur einzig legitimen »Kopfbedeckung« wird. Der Punkt dabei ist, dass der Ja-Hut nun nicht weggeworfen werden soll, aber wir sollten das Recht haben, auch andere Hüte zu tragen: den Nein-Hut, den Vielleicht-Hut, den Zweifel-Hut und den Zöger-Hut. Wie wir in Schritt 2 bereits gelernt haben, würde es der menschlichen Natur widersprechen, wenn man sich nicht negativ oder kritisch äußern darf. Kein Mensch kann nach dieser Prämisse leben und keiner sollte es. Der Versuch, es zu tun, würde Stress und Depressionen zur Folge haben. Bekanntermaßen sind die Menschen sehr verschieden – einige sind Sanguiniker, andere eher Melancholiker. Obwohl sich der Melancholiker angeblich nicht im Takt mit gesellschaftlichen Forderungen nach Positivität und konstanter Aktivität befindet, ist aber dennoch an seiner Neigung zu Negativität grundsätzlich nichts auszusetzen (dies kann im Gegenteil Vorteile mit sich bringen, weil es dadurch einfacher wird, standhaft zu sein). Ständig ja sagen zu müssen würde außerdem ein ziemlich serviles Bild von der menschlichen Natur zum Ausdruck bringen. Die Forderung danach, ja zu sagen, ist erniedrigend, wenn sie zu einem Dogma wird, bei dem die Menschen zu Sklaven reduziert sind, die jederzeit überall hingeschickt werden können und keine Wurzeln schlagen dürfen.

Warum ist aber nun der Ja-Hut so viel mehr en vogue als der Nein-Hut? Dafür gibt es, glaube ich, zwei Hauptursachen. Die erste leitet sich aus dem Tempo der beschleunigten Kultur sowie aus ihren ständig wechselnden Angeboten ab. Werden alle Dinge als fließend und flexibel empfunden (unabhängig davon, ob dieser Eindruck der Realität entspricht oder nicht), wird der Ja-Hut zu einem Mittel, um sich selbst »gut genug« erscheinen zu lassen. Er signalisiert, dass Sie genügend aktiv sind, um am Ball bleiben zu können. Der Philosoph Anders Fogh Jensen beschreibt unsere Zeit als »Projektgesellschaft«, als eine Gesellschaft, in der alle Aktivitäten und Praxisformen als Projekte konzipiert werden, die meist flüchtig, befristet und rekonstruierbar sind.[33] Er beschreibt, wie wir als Individuen in der Projektgesellschaft uns selbst mit Verabredungen und Projekten »überbuchen« in dem Versuch, unsere Kapazitäten voll auszunutzen – ähnlich einer Fluggesellschaft und den in einem Flugzeug vorhandenen Plätzen. Und da unsere Verpflichtungen im Leben zu reinen Projekten geworden sind, erscheinen sie als temporär und können über Bord geworfen werden, sobald etwas Interessanteres auf unserem Radarschirm auftaucht. Gleichwohl lautet die Forderung, zu allen Projekten ja zu sagen. Ein begeistertes »Ja!« zu rufen, ist in der beschleunigten Kultur zu einer Kernkompetenz geworden, die beispielsweise in Bewerbungsgesprächen hervorgehoben werden kann. Sagen wir ja zu allen neuen Herausforderungen, gilt dies als zweifelsfrei positiv und gut, wohingegen ein »Nein« als Ausdruck mangelnden Mutes und mangelnden Willens zur Veränderung interpretiert wird.

Die erste Ursache für die größere Attraktivität des Ja-Hutes ist also die soziale Angst davor, als nicht ausreichend aktiv zu gelten oder nicht dicht genug »am Ball« zu sein. Die zweite Ursache ist noch weit mehr existenziell: Sie entspringt nämlich der Angst davor, etwas zu verpassen. Sie setzen sich den Ja-Hut also nicht nur auf, um in den Augen anderer als attraktiv und »verwendungsfähig« zu erscheinen, sondern auch, weil das Leben kurz ist und es gilt, »das Beste herauszuholen«. Wir sollen in der kürzestmöglichen Zeit so viel wie möglich erleben – ganz so, wie es die bereits erwähnte Werbung für InterContinental propagiert: »You can't have a favorite place until you've seen them all.« Setzen wir also nicht unseren Ja-Hut auf und heißen alle spannenden Möglichkeiten des Lebens willkommen, verwehren wir uns jeder Art von Begeisterung, Abenteuer und Lebensgenuss. Oder etwa nicht? Wie Sie vermutlich schon erraten haben, ist diese Vorstellung das krasse Gegenteil der in diesem Buch empfohlenen stoischen Ideale. Die Stoiker haben selbstverständlich nichts gegen positive Erfahrungen per se, doch es kann niemals ein Ziel an sich sein, diesen andauernd hinterherzujagen. Tatsächlich könnte Sie so eine Jagd – mit dem Ja-Hut auf dem Kopf und eleganten italienischen Schuhen an den Füßen – davon abhalten, das zu erlangen, was den Stoikern am wichtigsten ist: inneren Frieden. Wenn Sie nicht nein zu Dingen sagen können, die Sie ablenken – weil Sie zum Beispiel fürchten, etwas zu verpassen –, wird es schwierig, innere Ruhe zu finden und die gegenwärtigen Umstände zu akzeptieren. In der beschleunigten Kultur ist Sinnesruhe allerdings kein wünschenswerter Zustand, sondern ein Problem. Menschen, die über Sinnesruhe verfügen, verkörpern nämlich genau den Typus, der so verwurzelt ist, dass er die Fähigkeit aufbringt, allen erdenklichen (unsinnigen) Forderungen und Wünschen eine Abfuhr zu erteilen. Und eben der ist in der beschleunigten Kultur, wo der fließende, flexible und veränderliche Mensch als Ideal gilt, alles andere als ein Aktivposten.

Ethik des Zweifels in der Risikogesellschaft

Verfechter der Ja-Philosophie werfen den Trägern des Nein-Hutes häufig vor, es mangle ihnen an Mut, sie seien zu starr und wählten immer die Vorsicht. Aber könnte man nicht genauso gut sagen, dass sich die Ja-Hutträger an Sicherheit orientieren? Wie ich bereits aufgezeigt habe, ist der Ja-Hut so modern geworden, weil wir von Angst getrieben werden – Angst davor, nicht mithalten zu können oder etwas zu verpassen. Um eben jene Angst zu eliminieren (was natürlich unmöglich ist), sollen wir ja sagen. Etwas verallgemeinernd ausgedrückt, tun die Verfechter der Ja-Philosophie so, als wüssten sie, was richtig ist: Es ist zwingend gut und richtig, ja zu sagen, da dies zu Positivität, Entwicklung usw. führt. Wir *wissen*, dass es richtig ist, ja zu sagen. Die stoische Philosophie behauptet das Gegenteil: Wir wissen *nicht*, ob es richtig ist, ja zu sagen. Und daher ist Zweifel eine bessere Option. Auf die Frage, ob an etwas gezweifelt wird, lautet die Antwort meistens nein, und gerade deswegen bietet es sich an, den Nein-Hut stets in Griffweite aufzubewahren. Oder anders ausgedrückt: Bitte nichts reparieren, was nicht zerbrochen ist. Wir wissen, was wir haben, aber wir wissen nicht, was wir bekommen.

In gewisser Weise wird der Sicherheit in unserer Gesellschaft heute mehr gehuldigt als je zuvor. Sicherheit und Gewissheit sind gut – Unsicherheit und Zweifel sind schlecht. Das Paradox dabei ist, dass Sicherheit einerseits zum höchsten Gut erklärt wird, gleichzeitig die Betonung jedoch darauf liegt, dass alles ständiger Veränderung und Entwicklung unterworfen ist. Huldigen wir der Sicherheit vielleicht gerade deswegen, weil sie uns in der modernen

Kultur abhandengekommen ist? Wir lassen alle möglichen Mittel zum Einsatz kommen, um Zweifel zu eliminieren und Sicherheit in allen erdenklichen Zusammenhängen zu gewährleisten. Dies trifft auf politische Beschlüsse zu (die in zunehmendem Maß von ökonomischem Kalkül anstatt von politischen Ideen bestimmt sind), berührt unser Alltagsleben (in dem wir Bürger uns gegen immer mehr Unglücke und Fallgruben versichern) und wirkt sich auf das Berufsleben aus (das evidenzbasiert sein soll; wir wollen zum Beispiel *wissen*, ob die pädagogische Praxis eines Lehrers zum erwünschten »Lerneffekt« führt). Gleichzeitig wird ein ethisches Regelwerk aufgestellt, das Zweifel ausräumen und sicherstellen soll, dass wir korrekt handeln. Zweifel ist gleichbedeutend mit Zögerlichkeit, Schwäche oder Unwissen. Der Zweifelnde ist ins Straucheln geraten und muss dringend wieder den Ja-Hut aufsetzen.

Vermutlich sind Zweifel und Unsicherheit so unbeliebt geworden, weil wir – wie Sozialwissenschaftler es nennen – in einer Risikogesellschaft leben, die durch ihre eigene Entwicklung, insbesondere im Bereich der Technologie, ständig neue Risiken hervorbringt. Umwelt-, Klima- und Finanzkrisen sind Nebenprodukte dieser Entwicklung. Als Konsequenz daraus wird einer »Ethik der Sicherheit« gehuldigt, gemäß der es wichtig ist, über sicheres Wissen zu verfügen. Forschung und Wissenschaft werden aufgeboten, um diese Sicherheit in allen möglichen Bereichen – sei es Wirtschaft, Gesundheit, Pädagogik oder Psychologie – zu etablieren. In der Risikogesellschaft muss man absolut sicher sein, um sich Gehör verschaffen zu können. Man braucht aussagekräftige Wendungen wie: »Forschungen zeigen, dass Serotoninmangel im Gehirn Ursache von Depressionen ist!«; »Wir wissen, dass Kinder auf vier verschiedene Arten lernen!« oder »Endlich haben wir ein Diagnosesystem, das psychisch Kranke auffängt!«

Als Kontrast zu dieser Entwicklung ist Zweifel dringend vonnöten. Im Grunde genommen haftet der Gewissheit stets etwas Dogmatisches an, wohingegen der Zweifel einen ethischen Wert beinhaltet. Wie ich darauf komme? Nun, das mit der Gewissheit verbundene »ich weiß« kann schnell zu Blindheit führen (insbesondere wenn man weiß, dass es in einer gegebenen Situation das Beste ist, ja zu sagen), während Zweifel zu Offenheit gegenüber den Handlungsweisen anderer und zu einem besseren Verständnis der Welt führen kann. Wenn ich etwas *weiß*, brauche ich ja niemandem zuzuhören. Zweifle ich aber an etwas, werden die Perspektiven anderer plötzlich bedeutsam. Das Problematische am Zweifel in der beschleunigten Kultur ist, dass er langsam und zurückblickend funktioniert. Er bewirkt keine schnellen Entscheidungen auf der Basis von Bauchgefühl und Positivität.

Von der Grundschule bis zur Universität lernen wir zu *wissen*. Aber eigentlich müssten wir auch lernen zu zweifeln. Wir müssten lernen zu zögern und vielleicht zweimal nachzudenken, bevor wir etwas tun oder sagen. In seinem Buch *How to Stop Living and Start Worrying* stellt der Philosoph Simon Critchley (in Interviews mit sich selbst) die Selbsthilfe-Philosophie völlig auf den Kopf. Für gewöhnlich soll man »aufhören, sich zu sorgen, anfangen zu leben und Ja sagen«. Nicht so bei Critchley, denn Zweifel, Besorgnis und Bedenken sind Tugenden für den Briten. Wenn wir immer nur ja sagen, übersehen wir die Krisen, die durch die Ja-Philosophie (Just do it!), d. h. die permanente Beschleunigung des Lebens und der Gesellschaft, hervorgebracht werden. Wenn wir diese Krisen nicht erkennen, so Critchley, »sinken die Menschen auf das Niveau von glücklichen Kühen herab, in einer Art stumpfsinniger Zufriedenheit, die systematisch mit Glück verwechselt wird.«[34] Unter dem Ja-Hut lauert die dümmlich grinsende Kuh, lautet Critchleys provokantes Resümee.

Die Ethik des Zweifels – der Grundgedanke, dass wir öfter zweifeln und somit auch öfter den Nein-Hut tragen sollten – beinhaltet allerdings auch die Verpflichtung, beharrlich in Zweifel zu ziehen, wer wir selbst sind. Psychologen, Therapeuten, Coaches und Astrologen konkurrieren in dem Versuch, uns Gewissheit darüber zu verschaffen, wer wir eigentlich sind. Doch vielleicht sollten wir stattdessen etwas mehr an diesen Ansätzen zweifeln. Der norwegische Kriminologe und Sozialwissenschaftler Nils Christie sagt dazu:

Vielleicht sollten wir nach der Errichtung sozialer Systeme streben, die uns ein Maximum an Zweifel darüber ermöglichen, wer wir sind und wer andere sind. Uns selbst und andere als ein Mysterium nachempfinden. Sollten Psychiater eine Rolle spielen, dann die als Vermittler der Komplexität ihrer Klienten. Sie sollten kleine Geschichten über die Menschen schreiben, die ihnen begegnen. Dann könnten die Juristen und alle anderen die Menschen und ihre Handlungen etwas besser verstehen.[35]

In Schritt 6 kommen wir noch einmal auf die Rolle der Literatur zurück, besonders darauf, wie Novellen und Romane die Komplexität des Daseins etwas anders als Selbsthilfebücher und Biographien aufdecken können.

Bis jetzt haben Sie Folgendes gelernt: Auf die Frage, ob an etwas gezweifelt wird, lautet die Antwort oftmals nein.

Und wenn Sie nicht im Zweifel sind, sollten Sie darüber nachdenken, ob es nicht Anlass dafür gibt, es zu sein. Wie schon erwähnt, soll es natürlich nicht darum gehen, ständig nein zu sagen und Zweifel zu haben, sondern darum, dass es völlig legitim ist, an etwas oder jemandem zu zweifeln. Und darüber hinaus: Ein häufigerer Gebrauch des Nein-Hutes könnte dazu beitragen, dass Sie auf festem Boden stehen und getreu den wesentlichen Dingen des Daseins leben. Sagen Sie hingegen ständig ja, werden Sie permanent davon abgehalten, Ihr Vorhaben in die Tat umzusetzen, sobald Ihnen jemand »Hey du, komm doch mal her!« zuruft.

An diesem Punkt fragen Sie sich vielleicht, ob wir uns hier in dem Versuch, eine Alternative zur Huldigung des wurzellosen, flexiblen Menschen in der sich beschleunigenden Kultur zu finden, nicht in Widersprüche verwickeln. Wie kann man standhaft sein, wenn man gleichzeitig zweifeln soll? Kann man einen festen Standpunkt finden, wenn der Zweifel zu einer Tugend erhoben wird? Die simple Antwort lautet natürlich, dass man auf festem Boden stehen kann, *indem* man zweifelt, d.h. sich das Recht auf Bedenken und Überlegungen herausnimmt. Obwohl die Antwort vielleicht ein wenig abgedroschen klingt, beinhaltet sie meines Erachtens doch eine Menge Weisheit und einen großen ethischen Wert. Im Grunde genommen wurden alle politischen Freveltaten von entschlossenen Männern begangen, die glaubten, die Wahrheit zu kennen. »Wir *wissen,* dass es Massenvernichtungswaffen gibt!«, »Wir *wissen,* dass die jüdische Rasse minderwertig ist!«, »Wir *wissen,* dass die Diktatur des Proletariats eine Notwendigkeit ist!« Im Hinblick auf wichtige Fragen der Politik, Ethik und Lebenskunst ist es also an sich menschlich, Zweifel und Bedenken zu hegen. Tatsächlich hat es in einer Risikogesellschaft, in der wir die Lösungen – und manchmal auch die Probleme – nicht kennen, großen Wert, auf Zweifeln zu beharren. Eine andere Antwort auf die oben gestellte Frage lautet, dass es vielleicht tatsächlich möglich ist, fest auf etwas zu stehen, das man gleichzeitig in Zweifel zieht. Der Philosoph Richard Rorty hebt diese Lebensweise als Ideal hervor und beschreibt sie als eine Art von existenzieller Ironie:[36] die Anerkennung, dass die eigene Weltsicht nur eine von vielen ist und dass man an irgendeinem Punkt keine Begründung mehr für sie findet. Dies soll aber nun nicht heißen, dass man sich einfach mal eben eine andere Weltanschauung zulegt. Das Ideal ist es, fest auf dem zu stehen, was man hat, und zu akzeptieren, dass andere Menschen eine andere Weltsicht haben können. Das nennt man Toleranz.

Die deutsche Philosophin Hannah Arendt drückt in ihrem berühmten Buch über die Beschaffenheit des Menschen die Ethik des Zweifels folgendermaßen aus: »[...] nämlich daß es Wahrhaftigkeit gibt, auch wenn es Wahrheit nicht geben sollte, und daß es Verläßlichkeit gibt, auch wenn Gewißheit unmöglich sein sollte.«[37]

Arendt war zwar keine Stoikerin, gibt aber hier auf wunderbare Weise einen Grundgedanken der stoischen Philosophie wieder, der für die beschleunigte Kultur des 21. Jahrhunderts große Bedeutung hat: Es gibt vielleicht keine Wahrheit im absoluten Verstand, aber gerade deswegen liegt es an uns Menschen, sie in unserem Leben zu erschaffen. Es gibt keine Sicherheit in einer sich permanent ändernden Welt, aber gerade deswegen müssen wir verlässlich sein, damit wir Inseln der Ordnung und Kohärenz in einer Welt erschaffen können, die Amok läuft. Für die Erschaffung solcher Inseln muss man fähig sein, nein zu sagen. Das Nein wird hier also zu einer Voraussetzung dafür, standhaft zu sein.

Was kann ich tun?

Idealerweise müssten an unseren Arbeitsplätzen genauso viele Nein-Hüte wie Ja-Hüte zur Verfügung stehen. Damit meine ich, es sollte ebenso legitim sein, darauf hinzuweisen, dass etwas nicht funktionieren wird, wie einem Vorschlag bedingungslos zuzustimmen. Im Namen des Fortschritts werden regelmäßig verschiedenste Initiativen und Maßnahmen ergriffen, die oftmals zu einer nicht unerheblichen Verschwendung von Zeit und Kräften führen. Hat man dann endlich die Qualifikation erlangt, den neuen Herausforderungen begegnen zu können, erfolgt eine weitere Runde mit Umstrukturierungen von Routinen oder Systemen. Damit die Dinge sich überhaupt entfalten können, sollte eigentlich die organisatorische Praxis eingeführt werden, jeden Monat eine gewisse Anzahl von neuen Maßnahmen abzulehnen. Manager sollten ihren Mitarbeitern nicht nur voller Begeisterung »neue Visionen« präsentieren, die es dann abzunicken gilt, sondern auch die Frage stellen: »Welche unnötigen Dinge können wir schlichtweg abschaffen?« Das Ziel dabei sollte lauten, nicht nur im Namen der Effizienz auf »Schlankes Management« zu setzen, sondern auch auf die wesentlichen Dinge der von den Menschen ausgeführten Arbeit zu fokussieren, so dass Forscher forschen, Chirurgen operieren, Lehrer unterrichten und Sozialarbeiter und

Krankenpfleger mit Menschen arbeiten können (anstatt ihre Kapazitäten mit Dokumentation und Evaluation zu vergeuden).

Auch wenn der Nein-Hut an Ihrem Arbeitsplatz nicht eingeführt wird (oder Sie gar keinen Arbeitsplatz haben), können Sie selbst die schwierige Kunst des Nein-Sagens praktizieren. Eventuell werden Sie von dieser Idee so begeistert sein, dass Sie bald zu allen möglichen Dingen nein sagen – aber das ist natürlich nicht der Sinn der Übung. Sie sollten nur nein sagen, wenn es dafür einen guten Grund gibt. Etwa, wenn ein Vorschlag kränkend, erniedrigend oder beleidigend ist – oder weil Sie begreifen, dass Sie damit aufhören sollten, Ihr Leben mit »Projekten« zu überbuchen. Vielleicht wird Ihnen auch klar, dass andere Menschen (Kinder, Freunde, Kollegen) gar keine »Projekte« sind, sondern menschliche Wesen, denen Sie – ungeachtet dessen, was dabei für Sie herausspringt – auf vielfältige Art verpflichtet sind. Aber wie schon erwähnt, kann nicht allein das Bauchgefühl darüber entscheiden, wozu Sie nein sagen sollten. Doch worauf sollten Ihre Entscheidungen dann beruhen?

Die Stoiker empfehlen, die Vernunft zu Rate zu ziehen. Denn es gibt Dinge, die abzulehnen tatsächlich vernünftig ist. Es ist vernünftig, nein zu einem neuen Projekt zu sagen – unabhängig davon, wie aufregend dies auch erscheinen mag –, wenn Sie Ihren sonstigen Verpflichtungen noch gar nicht ausreichend nachgekommen sind. Das allerdings ist nicht leicht, denn wir möchten ja nur ungern etwas verpassen. In den Einführungszeilen dieses Kapitels empfehle ich, mindestens fünf Mal täglich etwas abzulehnen. Das mag Ihnen vielleicht etwas übertrieben vorkommen, besonders dann, wenn Sie den Ja-Hut schon längere Zeit tragen. Probieren Sie also, einmal nein zu etwas zu sagen, das Sie schon lange als unnötig oder sinnentleert betrachten, aber dennoch weiterhin tun. An vielen Arbeitsplätzen stehen zum Beispiel zahlreiche Sitzungen und Teambesprechungen auf der Tagesordnung. Viele von uns fürchten sie – und das zu Recht. Versuchen Sie einmal, die Teilnahme an einer Sitzung abzulehnen, und begründen Sie es damit, dass Sie Ihrer konkreten Arbeit nachkommen möchten. Und vergessen Sie nicht, das Nein mit einem Lächeln auszusprechen. Denn das Ziel des Stoizismus ist es nicht, ein sturer Nein-Sager zu werden (allenfalls als Mittel zum Zweck), sondern in der beschleunigten Kultur größere Gemütsruhe zu finden. Sollte sich regelmäßiges Nein-Sagen als zu große Herausforderung erweisen, können Sie durch das Äußern von Zweifeln und Bedenken dazu beitragen, dass Besinnung und Reflexion Bestandteile Ihres Arbeitsalltags werden. Anstatt umgehend ja zu sagen, können Sie mit einem »Ich muss darüber nachdenken« antworten.

4. UNTERDRÜCKEN
SIE IHRE GEFÜHLE

Wenn Sie immer nur froh gelaunt und positiv sind, kann es passieren, dass andere Menschen Ihren Enthusiasmus für vorgetäuscht halten. Und wenn Sie unfähig sind, Ihren Zorn zu kontrollieren, gelten Sie schnell als zügelloses Kind. Als erwachsener Mensch sollten Sie Würde den Vorzug vor Authentizität geben. Lernen Sie daher, Ihre Gefühle zu beherrschen. Zum Beispiel können Sie täglich an einen Menschen denken, der Sie beleidigt oder verletzt hat – und ihm in Gedanken ein strahlendes Lächeln schenken.

Durch die ersten drei Schritte in diesem Buch haben Sie gelernt, weniger in sich hineinzufühlen, sich stärker auf das Negative in Ihrem Leben zu fokussieren und öfter einmal den Nein-Hut aufzusetzen. Falls Sie nun nach diesen drei Schritten aufhören, besteht das Risiko, dass Sie als übellauniger und stets gereizter Griesgram enden – oder schlimmer noch, als jemand, der aggressiv ist und im morgendlichen Berufsverkehr ausrastet, oder als einer, der immer nur schlecht über seine Kollegen redet. Deshalb ist es wichtig, dass Sie weiterlesen, damit Sie lernen, Ihre Gefühle – insbesondere die negativen – im Zaum zu halten oder manchmal auch gänzlich zu unterdrücken.

Wenn hier von »negativen Gefühlen« die Rede ist, muss gleich einem möglichen Missverständnis begegnet werden. Dass Gefühle wie Schuld, Scham oder Zorn negativ genannt werden, bedeutet nicht, dass sie an sich schlecht sind oder gänzlich aus unserer Gefühlsskala gestrichen werden müssten. Denn diese Gefühle sind zutiefst menschlich. Negativ heißt in diesem Zusammenhang lediglich, dass diese Gefühle eine Antwort auf negative Erlebnisse in unserem Leben darstellen. Doch wenn etwas Negatives geschieht, ist es ja gut und wünschenswert, dass unser Gefühlsleben in der Lage ist, diese Information an uns weiterzugeben. Anders als mitunter geäußert, ist es für uns Menschen doch entscheidend, Schuld und Scham empfinden zu können. Können wir keine Schuldgefühle hervorbringen, sind wir unfähig, uns selbst als moralische Akteure zu begreifen, die tatsächlich Verantwortung für ihr Handeln tragen – insbesondere für ihre Missetaten oder Vergehen. Ein Gefühl von Schuld vermittelt uns, dass wir etwas falsch gemacht haben, und obwohl dieses Gefühl negativ ist, ist es doch für unser Leben unerlässlich. Dasselbe gilt für Scham. Sind wir unfähig, uns zu schämen, ist es unmöglich, wahrzunehmen, wie unsere Umgebung auf unser Handeln reagiert. Scham signalisiert uns, dass wir in den Augen der anderen ein inakzeptables Verhalten an den Tag gelegt haben. Man könnte sogar sagen, dass wir kaum in der Lage wären, uns zu erwachsenen und der Selbstbetrachtung fähigen Menschen zu entwickeln – einschließlich Charakter und Integrität, wie im vorigen Kapitel erörtert –, wenn uns Scham unbekannt wäre. Entwicklungspsychologisch gesehen, ist dies in der christlichen Schöpfungsgeschichte beschrieben: Adam und Eva waren am Ausgangspunkt Tiere, eine Art nackte Affen ohne Begriffe von Moral. Als sie vom Baum der Erkenntnis aßen, lernten sie, Gut und Böse voneinander zu unterscheiden, und begannen, sich ihrer Nacktheit zu schämen.

Gott gab ihnen Kleidung und zwang sie, den paradiesischen – aber eigentlich tierischen – Zustand zu verlassen und von da an als Menschen zu leben. Das Menschliche hängt unverbrüchlich mit der Moral zusammen, die mittels Scham eingeführt wird. Sollte der Mythos nun eine wie auch immer geartete psychologische Wahrheit enthalten, dann lautete diese, dass das Menschsein eng mit der Fähigkeit verknüpft ist, Scham zu empfinden. Mittels Scham können wir uns selbst durch die Augen anderer sehen und abwägen, wer wir eigentlich sind. Ohne die Fähigkeit, uns von außen wahrzunehmen – eine Fähigkeit, die mit dem und durch das Schamgefühl entwickelt wird –, wären wir keine Menschen mit einem zu eigenständigem Denken fähigen Bewusstsein. Oder anders ausgedrückt, wir würden nicht die Fähigkeit besitzen, mit uns selbst in Beziehung zu treten, was wiederum Voraussetzung für ein auf Vernunft begründetes Leben ist.[38]

Da negative Gefühle etwas Wesentliches sind, halte ich es auch für bedenklich, wenn Eltern zu vermeiden suchen, dass ihre Kinder Schuld und Scham empfinden. Denn gerade diese Gefühle führen das Kind in ein moralisches Universum, wo es sich mit der Zeit zu einem verantwortungsbewussten Akteur entwickeln kann. In meiner Kindheit sagte man zu Kindern: »Du solltest dich schämen!« So etwas hört man heute gar nicht mehr, was aber vielleicht schade ist. Letztlich sollten wir uns der Bedeutung negativer Gefühle für unser Leben bewusst werden. Dies gilt natürlich auch für positive Gefühle wie Freude, Stolz oder Dankbarkeit. Allerdings sollten wir darauf achten, unserem Gefühlsleben nicht hemmungslos freien Lauf zu lassen, wie es mitunter heute Trend ist. Sogenannte Zukunftsforscher sprechen von der »emotionalen Gesellschaft«, Psychologen huldigen der »emotionalen Intelligenz«. Immer mehr verbreitet sich die Idee, dass man seine Gefühle ausdrücken soll, um authentisch sein zu können (was in den Augen vieler Menschen als Ideal erscheint), unabhängig davon, ob die Gefühle positiv oder negativ sind. Ist man glücklich, soll man singen und tanzen. Und wenn man wütend ist, soll man um Gottes willen die Wut nicht unterdrücken. Das nämlich wird als nicht authentisch aufgefasst. In Schritt 4 lernen Sie zu verstehen, wie problematisch dieser Kult um emotionale Authentizität sein kann und wie Sie darauf reagieren können, indem Sie Ihre Gefühle unterdrücken. Vermutlich wird dies auf Kosten der Authentizität gehen, wobei es aber ohnehin gute Gründe gibt, diesem Konzept skeptisch gegenüberzutreten. Statt unbedingt authentisch sein zu wollen, sollten Sie als erwachsener und zu Reflexion fähiger Mensch nach einem gewissen Maß an Würde streben, was allerdings voraussetzt, dass Sie Ihre Gefühle beherrschen können.

Gefühlskultur

Die beschleunigte Kultur ist auch eine Kultur der Gefühle. Der Soziologe Zygmunt Bauman – der, wie schon erwähnt, den Begriff »flüchtige Moderne« zur Charakterisierung der Gegenwart eingeführt hat – zeigt auf, wie sich die Gesellschaft von einer Kultur der Verbote zu einer Kultur der Gebote entwickelt hat.[39] Dieser Trend beinhaltet auch eine veränderte Sichtweise auf Begriffe wie Gefühl und Moral. In einer Verbotskultur besteht die Moral aus einem Regelwerk, welches determiniert, was uns nicht zu tun oder zu denken« erlaubt ist. Freuds Psychoanalyse war zum Beispiel eine deutliche Widerspiegelung einer auf Verboten basierenden Kultur: Die Gesellschaft verlangte, dass man verbotene Gefühle wie etwa den Sexualtrieb unterdrücken und in Übereinstimmung mit etablierten Normen sublimieren sollte. War man dazu nicht in der Lage, entwickelte man Neurosen – als eine Art psychopathologische Reaktion auf ein Übermaß an Trieben und Gefühlen. In unserer heutigen Gesellschaft sind Neurosen allerdings nicht mehr das zentrale psychopathologische Problem, der Begriff der Neurose ist sogar aus den aktuellen Diagnosesystemen verschwunden. Vereinfacht ausgedrückt, waren Neurosen etwas, von dem Menschen betroffen werden konnten, die in einer Gesellschaft lebten, die verlangte, dass man Wurzeln schlug, d. h. ein stabiles und angepasstes Leben führte. Konnten diese Ziele nicht erreicht werden, bot sich die Neurose als eine Art funktionaler Ausweg an. Da in der heutigen Gesellschaft jedoch Stabilität durch Flexibilität ersetzt ist, besteht die Grundlage der Moral nicht mehr aus Verboten (Du darfst nicht!), sondern aus Geboten (Du sollst!). Das Gefühlsleben soll nicht mehr unterdrückt, sondern stattdessen ausgelebt werden.

Die beschleunigte Kultur findet es nicht länger problematisch, wenn Menschen gefühlvoll, unternehmungslustig und begierig sind. Heute ist nicht mehr der Überschuss an Gefühlen das Problem, sondern der Mangel daran. Wie eine Sexualtherapeutin vor nicht allzu langer Zeit in einer Radiosendung äußerte, baten die Menschen früher um Rat, weil sie zu viel Lust verspürten. Heute kommen sie in ihre Praxis, weil sie zu wenig davon empfinden. Nicht mehr der übermäßig flexible Mensch ist das Problem, sondern der übermäßig stabile, also derjenige, der nicht die Motivation, den Antrieb oder die Lust verspürt, den allgegenwärtigen

Forderungen nach Flexibilität, Anpassungsfähigkeit und Selbstentwicklung Folge zu leisten. Die Kategorie der mentalen Störung, die von Energiemangel und Gefühlsleere gekennzeichnet ist, heißt heute nicht mehr Neurose, sondern Depression. Die Probleme leiten sich heutzutage also nicht mehr von Gefühlen oder Bedürfnissen im Sinne von »Ich will zu viel!« ab. Vielmehr hat sich die Definition dessen, was zu viel ist, verschoben – und dies besonders in einer Gesellschaft, in der Entwicklung und Veränderung an erster Stelle stehen. In der beschleunigten Kultur ist es schlichtweg schwierig geworden, zu viel zu wollen. Ganz im Gegenteil gewinnt hier derjenige, der viel will und viel kann. Somit könnte man heute von einem *Energieproblem* reden: »Ich schaffe nie genug! Ich habe nicht genügend Motivation, Gefühle und Leidenschaft!« Achten Sie einmal darauf, wie häufig sich heute der Begriff »Leidenschaft« in verschiedenen Bereichen eingeschlichen hat. Zum Beispiel würde ein typischer Coach in unserer Gesellschaft seine Klienten danach fragen, inwieweit sie ein leidenschaftliches Leben führen. Indem wir die Worte des Coaches dekonstruieren, können wir ein genaues Bild der vorherrschenden Gebotskultur nachzeichnen:

Sie müssen leidenschaftlich sein. Sie müssen das tun, was Sie lieben. Es sollte Spaß machen, arbeiten zu gehen. Sie müssen einen Unterschied machen – dies sind nur einige der Überzeugungen, die in der Welt und in der Branche, in der ich mich bewege, vorherrschend sind. Und darüber bin ich sehr glücklich.[40]

Wörter wie »leidenschaftlich«, »lieben« und »Spaß« sind in der beschleunigten Kultur immer häufiger mit unserem

Arbeitsleben verbunden. Dies hat die Soziologin Eva Illouz dazu veranlasst, unsere Zeit als eine Ära des »emotionalen Kapitalismus« zu bezeichnen, in dem Ökonomie und Gefühle miteinander verwoben sind.[41] Der emotionale Kapitalismus ist eine Kultur der Gefühle, in der Emotionen in den persönlichen Transaktionen zwischen Menschen eine wesentliche Rolle spielen. Unsere emotionalen Kompetenzen sind ausschlaggebend dafür, wie attraktiv wir auf dem Markt (für Arbeit und Liebe) erscheinen. Das Konzept der »emotionalen Arbeit« ist in der soziologischen Literatur vielfach beschrieben worden. Seit langem ist es insbesondere für den Servicebereich kennzeichnend, wie etwa bei Kabinenpersonal, das mit freundlichem Lächeln und guter Laune die gestressten und vielleicht nervösen Fluggäste betreut. Sogar wenn sie beleidigt oder herabgewürdigt werden, sollen Flugbegleiter positiv und entgegenkommend reagieren, was verständlicherweise schwer und anstrengend sein kann. Manche Fluggesellschaften schicken ihre Angestellten daher sogar zu Schauspielkursen, damit sie lernen, wie sie ausreichend positive Gefühle hervorbringen können. Das ist in etwa so, wie manche Schauspieler sich in »method acting« ausbilden lassen, wo ihnen beigebracht wird, Gefühle nicht nur zu »spielen«, sondern tatsächlich zu »empfinden«. Das Schlüsselwort lautet Authentizität. Wir wollen Flugbegleiter, die wirklich glücklich *sind* und nicht nur so tun, als wären sie es.

Diese Art der emotionalen Arbeit hat sich mittlerweile vom Service-Bereich auf mehr oder weniger alle anderen Sektoren ausgeweitet. In Organisationen mit flachen Hierarchiestrukturen und vermehrter Teamarbeit wird es als entscheidend betrachtet, dass Sie positiv, bereit zur

Zusammenarbeit und flexibel in menschlichen Beziehungen sind. Die Kernkompetenzen sind somit persönlicher, sozialer und emotionaler Art. Dies gilt ebenso für den modernen Manager, der selbst leidenschaftlich agieren soll. Kurz gesagt, geht es also um die Kommerzialisierung oder Vermarktung unseres Gefühlslebens – wir kaufen und verkaufen Emotionen auf dem Arbeitsmarkt. Mangelt es uns an emotionaler Kompetenz (oder emotionaler Intelligenz, um ein psychologisches Schlagwort zu verwenden), steht es uns frei, an Kursen für Persönlichkeitsentwicklung teilzunehmen, um besser mit uns selbst in Verbindung treten zu können.

Wie Sie bereits wissen, ist zu viel Introspektion indes nicht gut. Diese repräsentiert eher einen Teil der Probleme anstatt der Lösung (um einmal beim Bullshit-Jargon der Persönlichkeitsentwicklung zu bleiben). Anstatt an einem Kurs zur Persönlichkeitsentwicklung teilzunehmen, können Sie sich vielleicht damit auseinandersetzen, wie die Gefühlskultur überhaupt entstanden ist. In seiner bekannten Analyse schrieb der Historiker Richard Sennett Ende der 1970er Jahre über »Verfall und Ende des öffentlichen Lebens«.[42] Der öffentliche Mensch lebte in der früheren Verbotskultur, in der sein Verhalten im öffentlichen Raum durch etablierte Rituale bestimmt wurde. Er sollte eine Maske tragen, anstatt authentisch zu agieren und seine Gefühle anderen gegenüber auszudrücken. Sennett beschreibt, wie die höfliche Form der sozialen Konvention mit dem Erscheinen des Ideals der Authentizität langsam verschwand – insbesondere in der Zeit der gegenkulturellen Bewegungen in den 1960er Jahren. Die Menschen fingen an, ein gewisses Misstrauen gegenüber tradierten Ritualen (wie etwa dem Händeschütteln oder dem »Sie« als Anrede für Fremde) zu entwickeln. Rituale also, die als etwas betrachtet wurden, das ein spontanes, kreatives und intimes Zusammensein mit anderen unterdrückte oder verhinderte. Sennett ist allerdings der Ansicht, dass die Menschen sich nicht stärker irren konnten: Alle Gesellschaften bedürfen nämlich bestimmter Rituale, die Voraussetzungen dafür sind, dass Menschen sich auf zivilisierte Art und Weise begegnen können. Sein Verhalten in der Öffentlichkeit nach bestimmten ritualisierten Umgangsformen auszurichten ist weder unauthentisch noch heuchlerisch. Gemäß Sennett leiden wir ganz buchstäblich unter der falschen Vorstellung, das Unpersönliche und Ritualisierte sei moralisch verwerflich. Sennett geht sogar einen Schritt weiter und sagt, die moderne Zeit habe eine Verachtung für Rituale hervorgebracht, was uns kulturell primitiver mache als die einfachsten Stämme von Jägern und Sammlern.

Die Jagd der modernen Gesellschaft nach Authentizität und Gefühlsbetonung hat zu dem geführt, was Sennett die »Tyrannei der Intimität« nennt. In dieser ist das Ideal der zwischenmenschlichen Beziehung zu einer auf Emotionen beruhenden, authentischen Begegnung (im Privatleben, in der Schule, bei der Arbeit) geworden. Ein Ideal allerdings, das nur dazu führt, dass Menschen einander permanent verletzen. Könnte vielleicht gerade dieser Mangel an ritualisierten Umgangsformen zu den offenbar epidemisch auftretenden Fällen von Mobbing in der Schule und am Arbeitsplatz geführt haben? Wir haben das Gefühl für »Zivilität« oder Höflichkeit verloren, laut Sennetts Definition eine Umgangsform, welche die Menschen voreinander schützt und sie gleichzeitig die Gesellschaft des anderen genießen lässt. Eine Maske aufzusetzen sei die Essenz der Zivilität, schreibt Sennett. Dennoch wird das Tragen einer

Maske als nicht-authentisch und letztlich moralisch verdorben betrachtet, wo im Grunde genommen doch das Gegenteil der Fall ist (siehe das Zitat von Slavoj Žižek an früherer Stelle in diesem Buch) – jedenfalls im öffentlichen Leben, in Schulen, am Arbeitsplatz usw. Eine ritualisierte, höfliche Maske kann in diesem Zusammenhang sogar Bedingung für vernünftige Koexistenz sein. Die sich immer weiter ausbreitende Gefühlskultur sowie die »Therapiesierung« zahlreicher sozialer Arenen ist aus dieser Perspektive höchst problematisch, wenn in zunehmendem Maße gefordert wird, dass wir unser äußeres Verhalten mit unseren inneren Gefühlen in Übereinstimmung bringen sollen. Wie wir schon in Schritt 1 gelernt haben, ist es grundsätzlich problematisch, seine Wahl auf inneren Gefühlen basieren zu lassen. Vielleicht können wir etwas von Leonard Cohen lernen, der in »That Don't Make It Junk« singt: »I know that I'm forgiven, but I don't know how I know. I don't trust my inner feelings. Inner feelings come and go.«

Konsequenzen der Gefühlskultur

Laut Cohens Zeilen ist mit den Gefühlen an sich also nichts verbunden, was besagt, dass wir ihnen trauen können – oder sie gar ausdrücken sollten. In einer sich ständig verändernden kulturellen Situation verändern sich vermutlich auch unsere Gefühle schneller als je zuvor. An einem Tag verschreiben wir uns leidenschaftlich den Zielen einer wohltätigen Organisation und am nächsten investieren wir unsere Gefühle in eine brandneue amerikanische TV-Serie. Jedenfalls geht es mir so, wenngleich ich versuche, zu viel Introspektion zu vermeiden. In der

Regel bilden unsere Gefühle kein Fundament, auf dem wir fest stehen können. Vielmehr verändern sie sich im Takt mit vorherrschenden Trends und Angeboten. Daher ist es auch eine Illusion zu glauben, dass wir Authentizität gewinnen können, indem wir unseren eigentlichen Gefühlen nachspüren. Es wäre ja, banal ausgedrückt, auch nicht wünschenswert, angesichts eines auf der Überholspur zu langsam fahrenden Verkehrsteilnehmers einen Wutanfall zu bekommen, selbst wenn dies ein authentisches Gefühl wäre und man tatsächlich wütend *ist*.

Im Grunde genommen führt der Kult um Authentizität in Form einer Jagd nach echten Gefühlen zur Infantilisierung. Das kleine Kind, das seinen Gefühlen ganz unmittelbar Ausdruck verleiht – das zufrieden lächelt oder frustriert schreit –, wird implizit als Ideal dargestellt. Solche Kinder mögen vielleicht auch süß und entzückend sein, dennoch wird dieser Kult um Authentizität und Ursprünglichkeit zu einem Problem, sobald wir erwachsen sind. Als erwachsener Mensch sollten Sie stattdessen lieber diejenigen bewundern, die ihre negativen Gefühle kontrollieren können – oder sogar unterdrücken. Auch mit übermäßig positiven Gefühlsausbrüchen sollten Sie vorsichtig sein. Ein »Wow, das ist ja super-phantastisch!« verliert schnell an Bedeutung, wenn es zu oft ausgesprochen wird. Ich persönlich höre schnell auf zuzuhören, wenn jemand einen Kurs in wertschätzender Kommunikation absolviert hat und vor lauter Lob und Anerkennung geradezu überschäumt. Halten Sie Ihre Gefühle lieber so lange zurück, bis Sie sie wirklich brauchen. Wenn Sie Leberwurst »hassen«, bleibt ja kein Wort mehr übrig, mit dem Sie beschreiben können, was Sie von Tyrannen halten. Und »lieben« Sie Leberwurst, wird es schwierig auszudrücken, was Sie für Ihre Kinder empfinden.

Das stoische Ideal der Selbstbeherrschung kann Ihnen vielleicht dabei helfen, die Dinge ins rechte Lot zu bringen.

Viele werden vermutlich einwenden, es sei verrückt, seine Gefühle zu unterdrücken. Die Konsequenz daraus – besonders, wenn wir negative Gefühle nicht zulassen – könnte lauten, dass wir unsere Gefühle tief in unserem Inneren vergraben, wo sie nur wachsen und wachsen und uns letztlich krank machen. Um unserer Gesundheit willen müssen wir doch unsere Gefühle ausdrücken! Müssen wir wirklich? Die Forschung in diese Richtung gibt vieldeutige Antworten. Unterdrückung und Hemmung von Gefühlen wurde lange Zeit mit diversen Leiden in Verbindung gebracht – von mangelndem Selbstwertgefühl bis hin zu Krebserkrankungen. Die Forschungsergebnisse weisen indes in viele Richtungen. Zum Beispiel zeigen einige Studien, dass Menschen mit der Neigung, Gefühle wie etwa Wut zu unterdrücken, häufiger Gefahr laufen, an Krebs zu erkranken und einen ungünstigen Krankheitsverlauf zu erleben – sofern es sich um Frauen handelt. Bei Männern scheint das Gegenteil der Fall zu sein. Männer haben ein höheres Risiko, an Krebs zu erkranken, wenn sie Gefühlen wie Wut freien Lauf lassen.[43] Oder positiver formuliert: Die Fähigkeit, seine Wut zu unterdrücken, vermindert das Risiko, an Krebs zu sterben. Sofern man ein Mann ist. Allerdings glaube ich nicht, dass man solchen Ergebnissen allzu sehr vertrauen sollte. Zu oft bieten sie Spielraum für Interpretation und sind darum auch keine Basis, die zum Aufbau einer Lebensphilosophie taugen könnten. In ihrer Kritik an der vorherrschenden Therapiesierung des Lebens und der Gesellschaft haben die Psychiaterin Sally Satel und die Philosophin Christina Hoff Sommers Forschungsergebnisse zusammengetragen, die aufzeigen, dass emotionale Zurückhaltung – und sogar explizite Unterdrückung von Gefühlen – gesund und einem guten Leben förderlich sein kann. Daraus schließen sie, dass ungehemmte emotionale Offenheit den meisten Menschen bei der Erlangung geistiger Gesundheit nicht helfen würde und es stattdessen gut sein kann, den Gefühlen einen Riegel vorzuschieben – sogar nach Tragödien oder persönlichen Verlusten.[44]

Ein weiterer Einwand ist, dass die Unterdrückung von Gefühlen möglicherweise zu einer Schädigung des Selbstwertgefühls führen könne, weil man dadurch lerne, die eigenen Gefühle könnten falsch sein. Die Antwort muss an dieser Stelle lauten, dass Gefühle selbstverständlich falsch sein können. Reagiere ich mit ungezügelter Wut, weil mein Kind Milch verschüttet hat, ist mein Gefühl falsch! Wenn ich bei einem Golfturnier mogle, aber dennoch Stolz über meinen Sieg verspüre, stimmt mit meinen Gefühlen etwas nicht! Diese Reihe von Beispielen ließe sich beliebig fortsetzen. Wichtig ist es, zu lernen, dass Gefühle illegitim sein können und daher kontrolliert und unterdrückt werden sollten. Dies trifft vielleicht besonders auf negative Gefühle wie Neid, Zorn oder Verachtung zu – aber natürlich auch auf andere. Darüber hinaus darf man nicht vergessen, dass die ganze Diskussion über Selbstwertgefühl häufig auf Mythen basiert. In unserer Gefühlskultur hören wir immer wieder, es sei gut, über hohes Selbstwertgefühl zu verfügen, denn geringes Selbstwertgefühl trage die Schuld an zahlreichen Leiden. Tatsächlich jedoch wird dies von der Forschung nicht untermauert. Vieles deutet darauf hin, dass unsere größten sozialen Probleme sich nicht von zu geringem, sondern von zu hohem Selbstwertgefühl ableiten, da Letzteres statistisch gesehen mit psychopathischen und unmoralischen Zügen assoziiert wird.[45] Verschiedene Studien der letzten Jahre verweisen darauf, dass hohes Selbstwertgefühl nicht der Heilige Gral ist, für den ihn Vertreter aus Pädagogik und Human Resources gehalten haben.

Kurz gesagt, gibt es also keinen Grund zu der Annahme, die Unterdrückung negativer Gefühle könne zu einer Schädigung des eigenen Selbstwertgefühls (oder dem der Kinder) führen. Vielleicht kann man sogar der Entwicklung unmoralischen Verhaltens entgegenwirken, indem man lernt, negative Gefühle wie Wut zu unterdrücken. Menschen haben oft die Neigung, immer wütender zu werden, sobald sie ihrem Zorn erst einmal Ausdruck verliehen haben. Ein Verhaltensmuster, das man häufig beobachten kann, wenn Kinder sich an ihren Gefühlen festbeißen und angesichts der eigenen Frustration immer verzweifelter werden oder desto stärker weinen, je mehr sie sich ihrer eigenen Tränen bewusst werden. Was Eltern dann mit ihren Kindern machen, sollten auch Erwachsene tun, um sich von ihrer Wut, ihrem Neid oder was auch immer abzulenken, um negative Gefühle zu unterdrücken oder wenigstens zu vermindern. Psychologische Untersuchungen deuten zudem darauf hin, dass Menschen, die ihre negativen Gefühle wegschieben, viel weniger geneigt sind, sich an die unangenehmen Episoden zu erinnern, die damit verknüpft sind.[46] An die unangenehmen Ereignisse im Leben – etwa, wenn wir von jemandem beleidigt wurden – erinnern wir uns nicht nur, weil sie unangenehm waren, sondern weil wir so stark auf sie reagiert haben. In Übereinstimmung mit dem stoischen Denken führt die Unterdrückung von Wut also zu größerer Gemütsruhe und weniger unangenehmen Erinnerungen, die uns aus der Bahn werfen können.

Aber stoßen wir hier vielleicht auf einen Widerspruch? Spricht die Unterdrückung von Gefühlen nicht gegen die Fokussierung auf das Negative, die in Schritt 2 dieses Buches empfohlen wurde? Sowohl als auch. Wir reden hier von zwei verschiedenen Empfehlungen für zwei verschiedene Kontexte. Manchmal ist es gut, sich über negative Dinge zu beklagen, und manchmal ist es gut, seinen Zorn über die negativen Dinge zu unterdrücken. Es muss nicht extra erwähnt werden, dass keine dieser Reaktionen immer die eindeutig richtige ist. Anders als in gewöhnlichen Selbsthilfebüchern, die immer eine spezifische Lösung empfehlen (wie etwa Positives Denken!), lautet die Botschaft in diesem Buch, dass die Wirklichkeit komplex und die Antwort somit nicht immer eine einfache ist. Behalten Sie stets den Zweifel im Auge! Und bedenken Sie außerdem, dass wütend sein nicht gleichbedeutend mit einer Fokussierung auf das Negative ist. Das Ziel des Stoikers besteht darin, sich auf das Negative fokussieren zu können, *ohne* dabei wütend zu werden. Ziel ist es, das Negative als Aspekt des Lebens zu akzeptieren bzw. den Versuch zu unternehmen, eine positive Veränderung herbeizuführen, sofern es sich dabei um etwas handelt, das man in der Praxis tatsächlich verändern kann.

Was kann ich tun?

Was können Sie also tun, um Ihre Gefühle erfolgreicher zu unterdrücken? Nehmen wir zum Beispiel Zorn. Die stoischen Denker, allen voran Seneca, haben sich eingehend damit beschäftigt.[47] Der Grundgedanke dabei ist, dass es sich bei Zorn um ein zentrales menschliches

Gefühl handelt. Nur erwachsene Menschen können zornig werden – Kinder und kleine Tiere können zwar aggressiv oder frustriert sein, aber nur selten reden wir von einem »zornigen Baby« oder einer »zornigen Katze«. Der Grund dafür ist, dass Zorn ein reflektiertes Selbstbewusstsein voraussetzt, das sich erst bei Erwachsenen manifestiert – unter anderem im Zusammenhang mit der Entwicklung von Schamgefühlen. Seneca definiert Zorn als einen Racheimpuls, und obwohl dieser Impuls grundsätzlich menschlich ist, betont er, dass das Leben zu kurz sei, um es an Zorn zu verschwenden. Zorn könnte als Abfallprodukt unseres Bewusstseins betrachtet werden, das wir zwar tolerieren müssen, aber auch möglichst schnell loswerden sollten.

Eine entscheidende Technik, mit der Zorn gesteuert und entschärft werden kann, ist Humor. Gemäß Seneca ist Lachen eine nützliche Reaktion auf das, worüber wir sonst zornig werden. Werden wir zum Beispiel beleidigt, ist Humor eine weitaus bessere Reaktion als Zorn. Erst neulich wurde der Sänger James Blunt dafür gelobt, auf provokante Kommentare in sozialen Medien mit überaus witzigen Antworten reagiert zu haben, welche die »Hater« als ziemlich kleingeistige Gesellen dastehen ließen. Ein eher unschuldiger Kommentar auf Twitter lautete zum Beispiel: »James Blunt just has an annoying face and a highly irritating voice« – worauf Blunt einfach antwortete: »And no mortgage« (d. h. keine Hypothek). Googeln Sie einmal nach Blunts weiteren Antworten, um Inspiration für amüsante Entgegnungen auf Beleidigendes zu finden, das sonst Zorn hervorgerufen hätte. Werden Sie zornig (was sich leider nicht immer vermeiden lässt), sollten Sie sich – so Seneca – für den Zorn entschuldigen. Nicht nur die sozialen Beziehungen können dadurch »repariert« werden, auch auf Ihr Selbst wirkt es sich stärkend aus. Denn entschuldigen Sie sich, hören Sie auf, sich weiter mit dem zu beschäftigen, was Sie ursprünglich zornig gemacht hat.

Epiktet empfahl »projektive Visualisierung« als Technik zur Unterdrückung von Zorn. In seinem Beispiel (und bedenken Sie, dass wir uns im alten Rom befinden) zerschmettert ein Diener eine Tasse. Vielleicht hat man (als alter Römer oder alte Römerin) die Neigung, zornig zu reagieren, aber Epiktet rät in diesem Fall dazu, den Zorn auf einen anderen Kontext zu projizieren. Man könnte sich zum Beispiel vorstellen, dass die Tasse von einem Diener im Haus eines Freundes zerschmettert wurde. Vermutlich wäre man dann der Ansicht, es sei völlig übertrieben von diesem Freund, mit Zorn zu reagieren, und würde versuchen, ihn zu beruhigen.[48] Auf diese Art und Weise zu denken hilft dabei, sich von der Bedeutungslosigkeit der Situation überzeugen zu lassen und Zorn zu umgehen. Auch Marcus Aurelius beschäftigte sich damit, die Bedeutungslosigkeit aller Dinge als Mittel gegen Zorn heranzuziehen. Ganz allgemein empfiehlt er, an die Vergänglichkeit aller Dinge zu denken, um Zorn und Frustration zu vermeiden, wenn Dinge zerstört werden oder verloren gehen. Wird die Tasse zerschmettert, mag das vielleicht ein Unglück sein – besonders, wenn sie wertvoll war –, aber mit Blick auf die Ewigkeit, in der alles dazu verurteilt ist, einmal zugrunde zu gehen, ist diese Tasse ein winziges und unbedeutendes Detail.

Das Leben ist also zu kurz, um sich dem Zorn zu widmen. Sie sollten lernen, Gefühle zu unterdrücken, die Ihre Gemütsruhe bedrohen und die verhindern, dass Sie auf festem Boden stehen. Wenn Sie auf festem Boden stehen wollen, setzt dies voraus, dass Sie sich nicht so leicht aus der Fassung bringen lassen. Im TV, in sozialen Medien und in der Werbung wird permanent an unsere Gefühle appelliert, was wiederum dazu führen kann, dass wir ständig neue Wünsche und Vorlieben entwickeln. Aber Sie können nicht auf festem Boden stehen, wenn Sie diesen flüchtigen Größen permanent hinterherjagen. Und können Sie nicht auf festem Boden stehen, sind Sie auch nicht in der Lage, Ihre Pflicht zu erfüllen. Deshalb sollten Sie lernen, Ihre Gefühle zu unterdrücken. Das mag vielleicht auf Kosten der Authentizität gehen, aber ist dies nicht ein Vorteil an sich? Denn seine Gefühle unterdrücken zu können verleiht dem Individuum ein gewisses Maß an Würde. Üben Sie sich darin, Masken zu tragen. Üben Sie sich darin, die Kleingeistigkeit anderer nicht an sich heranzulassen. Wenn Sie das geschafft haben, sind Sie bereit für den nächsten Schritt: Ihren Coach zu feuern.

5. FEUERN SIE
IHREN COACH

In der beschleunigten Kultur ist Coaching zum allgegen-
wärtigen Entwicklungsinstrument geworden. Ein Coach
soll Ihnen dabei helfen, die Antworten in Ihrem Inneren zu
finden und Ihr Potenzial voll auszuschöpfen. Aber dieser
Schuss geht daneben. Stattdessen sollten Sie in Erwägung
ziehen, Ihren Coach zu feuern und ihn oder sie durch
einen Freund zu ersetzen. Schenken Sie Ihrem Coach eine
Eintrittskarte für ein Museum und fragen Sie, was man
über sein Leben lernen kann, wenn man nach außen
blickt, anstatt nach innen. Lernen Sie zu genießen, was
Kultur und Natur bieten können – am besten mit Ihrem
Ex-Coach. Unternehmen Sie mindestens einmal pro
Monat einen Ausflug in den Wald oder in ein Museum.

Möglicherweise hat Ihr Coach oder Therapeut schon ent-
nervt aufgegeben, weil Sie inzwischen nicht mehr erwar-
tungsvoll auf ihren Bauchnabel blicken, sondern angefangen
haben, sich auf das Negative zu fokussieren, den Nein-Hut
aufzusetzen und Ihre Gefühle zu unterdrücken. Falls Ihr
Coach noch nicht aus eigenem Antrieb das Handtuch
geworfen hat, ist es vielleicht an der Zeit, ihn oder sie aus
Ihrem Leben zu verbannen. Denn obwohl Coaching
verspricht, dass Sie »die Antworten in sich selbst finden
können«, wissen Sie jetzt, dass dies eine Illusion ist. Coaching
ist vielleicht sogar der deutlichste Ausdruck für all das, was
schiefläuft in der beschleunigten Kultur, in der es schwerfällt,

standhaft zu sein. Coaching insistiert nämlich auf Entwicklung und Veränderung – und dies ungeachtet von Inhalt oder Richtung. Coaching leitet seine Existenzberechtigung aus sich selbst heraus ab. Dies gilt sowohl dann, wenn es als eine Dienstleistung verkauft wird, als auch, wenn Manager ihre Mitarbeiter oder Lehrer ihre Schüler coachen.

Wenn ich Sie nun in diesem fünften Schritt dazu auffordere, Ihren Coach zu feuern, muss es sich dabei nicht unbedingt um einen Coach im eigentlichen Sinn handeln – zumal die meisten Menschen einen Coach (der mitunter 100 Euro oder mehr pro Stunde verlangt) vermutlich gar nicht bezahlen können. Wenn ich diesen Ausdruck verwende, denke ich dabei ebenso an all die anderen Repräsentanten der »Coachifizierung des Daseins«: den Trend nämlich, dass wir uns mit allen erdenklichen Formen der Selbstentwicklungs-Technologie umgeben und davon abhängig werden. Der Coach ist in der beschleunigten Kultur eine besonders deutliche Verkörperung dieses weit um sich greifenden Trends und soll deshalb hier stellvertretend genannt sein. Indem er Entwicklung, Positivität und Erfolg predigt, ist der Coach der Gegenpol zur stoischen Lobpreisung der Gemütsruhe, die durch Standfestigkeit und Stillstand erreicht werden kann. Ich sage hier ganz bewusst »predigen«, weil man fast schon den Eindruck gewinnen könnte, ein Coach sei Mitglied einer Priesterkaste, die mit geradezu religiösem Eifer um die Entwicklung und Realisierung des Selbst kreist.

Die Coachifizierung des Daseins

Seit einigen Jahren ist Coaching ein stark wachsender Sektor und kann in der beschleunigten Kultur als eine Art

Religion des Selbst betrachtet werden[49], d. h. als eine Weltanschauung, die das Selbst und dessen Entwicklung in den Mittelpunkt gerückt hat. Die Nachfrage nach Coaching ist nahezu ungebrochen, und sowohl im Beruf als auch im Privatleben werden die Menschen gecoacht. Es gibt Leitungs-Coaching, Mitarbeiter-Coaching, Familien-Coaching, Sex-Coaching, Coaching für Teenager, Studien-Coaching, Baby-Coaching, spirituelles Coaching, Life-Coaching und vieles mehr. Auch verwandte Bereiche wie Seelsorge, Psychotherapie und -beratung sind seit einigen Jahren stark vom Coaching geprägt – so gut wie jeder möchte auf den Coaching-Zug aufspringen. Erst vor einigen Jahren ließen sich zahlreiche Freunde und Bekannte von mir zu Coaches ausbilden. Mittlerweile gibt es so viele, dass nur die wenigsten, die diese Ausbildung beendet haben, ihren Lebensunterhalt damit bestreiten können. Ungeachtet dessen ist die dem Coaching innewohnende Denkweise weitverbreitet und existiert in verschiedenen Bereichen der Gesellschaft.

Coaching ist zur standardisierten Form der Inszenierung interpersoneller Beziehungen geworden, insbesondere dann, wenn jemand Bedarf an (Persönlichkeits-) Entwicklung anmeldet. Der Coach treibt uns weiter – vorgeblich nach unseren eigenen Prämissen und basierend auf unseren eigenen Präferenzen. Und dies können Coaches tun, weil sie keine von außen kommende Autorität verkörpern, die uns diktiert, was in unserem Leben gut oder schlecht ist. Gemäß der Verbrauchermentalität, von der unsere Zeit geprägt ist, hat der Kunde stets recht, was bedeutet, dass nur ich allein wissen kann, was gut oder schlecht ist. Der Coach soll mir dabei helfen, meine Präferenzen besser kennenzulernen, mir aber meine Präferenzen nicht diktieren. Er soll mir meine Wünsche zurückspiegeln und mich dabei unterstützen, meine Ziele zu erreichen. Der Coach kann Fragen stellen, die Antworten sollen jedoch stets aus mir selbst kommen.

Coaching ist also zu einem zentralen psychologischen Werkzeug in einer Kultur geworden, die das Selbst ins Zentrum rückt. Als solches ist es Teil einer umfassenden Weltanschauung, die – etwas provokant – auch als Religion des Selbst bezeichnet werden kann.[50] Die Religion des Selbst hat viele Funktionen des Christentums übernommen: Die Rolle des Priesters wird vom Psychotherapeuten oder Coach gespielt; religiöse Bekenntnisformen haben Therapien, Coaching oder anderen Techniken zur Persönlichkeitsentwicklung Platz gemacht; Gnade und Erlösung als Ziele des Daseins wurden von Selbstverwirklichung, Kompetenzerweiterung und lebenslangem Lernen abgelöst. Und schließlich – der wichtigste Punkt – ist Gottes Platz als Zentrum des Universums vom Selbst eingenommen worden. Niemals zuvor in der Geschichte haben wir so viel über das Selbst und seine Eigenschaften (Selbstwert, Selbstvertrauen, Selbstentwicklung usw.) gesprochen, und niemals zuvor hatten wir so viele Möglichkeiten, das Selbst zu vermessen, zu evaluieren und zu entwickeln – obwohl wir im Grunde genommen keine Ahnung haben, was es eigentlich ist.

Im Gegensatz zum Christentum existiert in der Religion des Selbst keine äußere Autorität (Gott), welche die Rahmenbedingungen für das Dasein und die menschliche Entwicklung festlegt. Stattdessen haben wir eine innere Autorität (das Selbst), die wir als Leitstern für unser Leben betrachten. Wie schon zuvor in diesem Buch erwähnt, ist es wichtig, »sich selbst kennenzulernen«, damit man »an sich selbst arbeiten« kann – und zwar in Richtungen, die für einen selbst wünschenswert sind. Soziale Bereiche und Techniken wie Erziehung, Unterricht, Management, Sozialarbeit und andere sind daher im Lauf der letzten Jahre »therapiesiert« worden. Der moderne Lehrer ist heute nicht mehr der ausschließlich den Unterrichtsstoff vermittelnde Oberstudienrat, sondern ein Quasi-Therapeut oder Coach, der die »ganzheitliche persönliche Entwicklung« der Schüler und Schülerinnen begleitet. Schon lange schlagen Lehrer nicht mehr mit dem Rohrstock zu, doch dafür bedienen sie sich heute »psychologischer Rohrstöcke« in Form verschiedener sozialpädagogischer oder gruppentherapeutischer Spiele, die soziale Kontrolle durch Selbstentwicklung ermöglichen sollen. Diese Spiele basieren auf der Idee, dass die Entwicklung des Kindes durch eine auf höchst individualisierende Weise durchgeführte Identifikation mit seinen positiven Eigenschaften erfolgen kann. Der Lehrer hat in diesem Zusammenhang möglicherweise auch einen Coaching-Kurs absolviert, der speziell auf pädagogische Belange ausgerichtet ist. Auf dieselbe Art und Weise ist der moderne Manager nicht mehr die unnahbare Autorität, die sich auf Einstellung, Entlassung und Administration beschränkt, sondern ein zuhörender und sich einlassender Therapeut, der zum Beispiel in Mitarbeitergesprächen oder Coaching-Situationen an der Entwicklung erwünschter persönlicher Kompetenzen des Angestellten arbeitet. Gehen wir zur Arbeit, ist das Selbst immer dabei und soll dort in eine vermarktungsfähige Richtung entwickelt werden. Allem voran sollen wir die Kompetenz entwickeln, uns selbst als Material für kompetenzerweiternde Projekte zu betrachten.[51] Hierbei ist Coaching ein zentrales Instrument, mit dem wir unsere Kompetenzen entdecken, einordnen und optimieren können.

Gefahren des Coachings

Der international bekannte Coach-Guru Anthony Robbins, der (und ich scherze nicht) George Bush, Bill Clinton und Michail Gorbatschow gecoacht hat, sagt:

> Um glücklich zu sein, braucht man, glaube ich, eine Sache mehr als alle anderen, und das ist Fortschritt. In meinem Coaching verwende ich einen Schlüsselsatz, der »Constant Never Ending Improvement« lautet. Nach diesem Muster lebe ich selbst. Soll Ihre Beziehung glücklich sein, erfordert sie Entwicklung. Möchten Sie glücklich mit Ihrem Körper sein, erfordert dies Training. Soll Ihre Arbeit oder Ihr Unternehmen erfolgreich sein, erfordert es Fortschritt.[52]

»Konstante, niemals endende Verbesserung« klingt wie ein passender Slogan für erfolgreiche Sportler. Als Glücksformel für gewöhnliche Menschen hingegen mutet es etwas dubios an. Denn beim Coaching besteht ja die Gefahr, dass einem niemals erlaubt wird stillzustehen. Die Möglichkeit zur Optimierung besteht immer, und wenn man sich *nicht* verbessert, ist man schnell selbst schuld daran – weil man keinen hinlänglichen Einsatz geleistet hat. Die Botschaft lautet, dass sich alles erreichen lässt, sofern man nur fest genug daran glaubt und es unbedingt *will*. Gelingen die Dinge nicht, dann liegt es daran, dass man nicht genügend Willen und Motivation aufgebracht hat. Wie Rasmus Willig beschreibt, ist die Folge davon, dass man sich automatisch selbst kritisiert, wenn etwas problematisch ist: Die äußere soziale Kritik wird verinnerlicht und manifestiert sich als innere Selbstkritik.[53]

Eine problematische Tendenz beim Coaching besteht darin, dass es als Allheilmittel angepriesen wird, sobald man sich festgefahren hat oder erschöpft, depressiv wird oder sich leer fühlt. Allerdings könnte es ja auch sein, dass Erschöpfung und Leere gerade aus der Forderung nach permanenter Selbstentwicklung und Selbstoptimierung *resultieren*. Ist dies der Fall, birgt Coaching die Gefahr, exakt die Schwierigkeiten zu verstärken, bei deren Lösung es ansonsten zu helfen versucht. Vereinfacht ausgedrückt, wird Coaching dann immer mehr zu einer Medizin, die uns nur krank macht! Irgendwann hat man vielleicht auch lange in sich hineingeblickt und festgestellt, dass im Inneren gar nichts ist. Dann aber kann der Coach auch nichts mehr zurückspiegeln, und die Beziehung wird leer. Coaching basiert darauf, dass der Coach uns einen Spiegel vorhält, damit wir erkennen, welche Ziele, Werte und Präferenzen sich in unserem Inneren verbergen, und dass er uns dabei hilft, diese leichter zu realisieren. In der Religion des Selbst ist der Grundgedanke stets, dass die Antworten im Inneren zu finden sind. Dies bestimmt nicht nur die Entwicklungsrichtung (wohin will ich?), sondern dient als Maßstab für die Beurteilung des Erfolgs (wann werde ich gut genug sein?). Da jedoch dieser Maßstab subjektiv bleibt, d. h. nicht an äußere Standards gebunden ist, besteht die Gefahr, dass sich die Entwicklung in einem nicht enden wollenden Vakuum vollzieht. Wann sollte ich aufhören? Das Schlüsselwort lautet »konstante, niemals endende Verbesserung«. Man ist niemals gut genug!

Eines von Anthony Robbins' vielen Statements lautet: »Erfolg ist, zu tun, was du willst, wann du es willst, wo du es willst, mit wem du es willst, so viel du willst.« Die eindeutige Botschaft lautet, dass Selbstverwirklichung den Sinn der menschlichen Existenz definiert – ungeachtet der persönlichen Präferenzen, die ich dabei verfolge. Überspitzt ausgedrückt, ähnelt diese Denkweise einer psychopathologischen Persönlichkeitsstörung, weil sie dazu ermutigt, zu tun, was immer erforderlich ist, um zu erreichen, was immer ich möchte. Andere Menschen sind in diesem Denkmodell bestenfalls Werkzeuge, die zur Verfügung stehen, um den eigenen Erfolg und das eigene Glück zu maximieren. Erfolg ist, zu tun, »was du willst, mit wem du es willst«. Erzögen wir unsere Kinder nach dieser Definition des Erfolgs, würden wir sagen, das alles, was sie wünschen, gut genug ist, und dass das Ziel der Erziehung darin besteht, ihnen beizubringen, wie sie diese Wünsche realisieren können. Kaum ein anderes Beispiel könnte wohl besser den Subjektivismus ausdrücken, der in der beschleunigten Kultur vorherrscht und von Coaches mittels der Religion des Selbst kultiviert wird.

Tatsächlich bedeutet Erziehung jedoch, einem Kind die äußeren Rahmenbedingungen zu vermitteln, die von der Gesellschaft gesetzt werden und nach denen zu leben wir alle lernen müssen. Das traditionelle Verständnis von Erziehung basiert also darauf, dass außerhalb des Selbst etwas existiert, das kennenzulernen wertvoll ist. Es wird davon ausgegangen, dass die Aufgabe der Eltern (aber auch der Pädagogen und Lehrer) darin besteht, ihren Nachkommen den Charakter und die Integrität – wie im vorigen Schritt beschrieben – angedeihen zu lassen, die erforderlich sind, um in Übereinstimmung mit den äußeren

Rahmenbedingungen handeln zu können. Stellt man sich hingegen vor, dass alles einem inneren Selbst entspringt – menschliche Ziele, Werte und Ideale –, wird die Rolle des Erziehers auf eine Art Resonanzboden reduziert. Anders ausgedrückt: ein Coach also, der darauf fokussiert, das Innere zu spiegeln, anstatt Werte und Begrenzungen zu definieren.

Die Frage dabei lautet natürlich, ob eine auf Coaching-Prinzipien beruhende Erziehungsphilosophie – also eine Philosophie, die keine Werte und Begrenzungen vermittelt – überhaupt in der Lage ist, überlebensfähige und lebenstaugliche Erwachsene hervorzubringen. Nach diesem Muster heranwachsende Kinder würden vermutlich Erwachsene werden, die sich primär an ihren inneren Impulsen orientieren, anstatt an einem Verständnis davon, was im Dasein wichtig ist und worin die Erfüllung ihrer menschlichen Pflichten besteht. Sie würden zu Experten heranwachsen, die fähig wären, in sich hineinzufühlen, ihre Präferenzen einzuordnen und diese auf bestmögliche Art zu realisieren. Doch letztlich würden sie nur intelligente Kinder sein. Kinder, die ihre auf Ziele ausgerichteten Mittel optimal einsetzen können, aber keine Ahnung davon haben, dass es im Leben Pflichten gibt, welche die subjektiven Perspektiven und Präferenzen des Individuums überragen. Anders ausgedrückt, würden sie nicht verstehen, dass es Dinge gibt, die sie tun sollten, weil sie wichtig sind, und nicht, weil sie selbst Lust (oder Unlust) dazu verspüren. Bestimmte Aspekte des Lebens sind nun einmal wichtig, unabhängig davon, was das Individuum dabei empfindet, dafür aber gibt es beim Coaching oder in der Religion des Selbst nur wenig Platz.

Coaching und Freundschaft

Für viele Menschen ist die Vertrautheit, die sie in der Beziehung zu ihrem Coach oder Therapeuten aufbauen und spüren, zu einem Ersatz für traditionelle Freundschaftsformen geworden. Der Mensch ist ein Tier, das nicht nur einen Partner – mitunter sogar für das ganze Leben – hat, sondern auch Freunde. Seit Platon und Aristoteles betrachten Philosophen die Freundschaft als eine der fundamentalen Bedingungen für das menschliche Dasein. Gemäß Aristoteles ist ein Freund eine Person, mit der man zum Vergnügen aller Beteiligten Zeit verbringt. Darüber hinaus ist er eine Person, der man stets das Beste wünscht – und zwar um ihrer selbst willen und nicht etwa, weil man sich einen Vorteil davon verspricht, dass es ihr gutgeht. Eine Freundschaft ist also eine Beziehung, die einen Eigenwert besitzt: Ich helfe einem Freund, *weil* er mein Freund ist. Helfe ich hingegen einem anderen, um selbst einen Vorteil daraus zu ziehen, kann man nicht im eigentlichen Sinn von einer Freundschaft sprechen, sondern von einer auf einem impliziten Kontrakt beruhenden Partnerschaft (ich kratze deinen Rücken, wenn du meinen Rücken kratzt). *Quid pro quo* (dies für das) gilt in vielen menschlichen Beziehungen, zum Beispiel zwischen Arbeitgeber und Arbeitnehmer, nicht jedoch im Verhältnis zwischen Eltern und Kindern (wo man die Pflicht hat, für das Kind da zu sein, unabhängig davon, ob man als Elternteil glaubt, dafür etwas »zurückzubekommen«) und laut Aristoteles ebenso wenig im Verhältnis zwischen Freunden. Vermutlich kann man davon ausgehen, dass nur der Mensch Freunde in diesem Sinne besitzt, da die Beziehungen der Tiere untereinander auf dem Prinzip quid pro quo beruhen.

Die Frage ist nun also, ob die Religion des Selbst, welche auf die Präferenzen des Individuums fokussiert ist und bei der Coaches die Werkzeuge zur Entwicklung der Persönlichkeit anbieten, als moderne Form der Freundschaft bezeichnet werden kann. Die Antwort muss hier eindeutig nein lauten, da das Verhältnis zwischen Coach und Klient den Inbegriff einer instrumentalisierten Beziehung verkörpert. Sie wird nur so lange aufrechterhalten, bis eine der Parteien einen Nutzen daraus gewonnen hat, und basiert überdies meist auf ökonomischem Interesse (Coaching ist ein Business). Es ist daher durchaus bemerkenswert, dass Träume und Geheimnisse, die man in früheren Zeiten allenfalls mit seinen engsten Freunden teilen konnte, mittlerweile Eingang in Coaching-Gespräche gefunden haben, was darauf abzielen soll, das »volle Potenzial« des Selbst auszuschöpfen. Anscheinend ist auch dies ein Aspekt der immer stärker werdenden Tendenz in der beschleunigten Kultur: Es wird immer schwieriger, wahre Freundschaften zu schließen.

Der Begriff »Freund« klingt zusehends archaisch (abgesehen von der oberflächlichen Verwendung auf Facebook o. Ä.), und viele sprechen mittlerweile von Netzwerken anstatt Freundeskreisen. Aber Netzwerke sind per se instrumental. Netzwerke sind etwas, das man aufbaut, pflegt und weiterentwickelt, nämlich in der Absicht, es mobilisieren zu können, wenn man es benötigt. Möchten Sie Ihren Job wechseln, hören Sie sich in Ihrem Netzwerk nach Möglichkeiten um. Soziologen können Umfang und Stärke eine Netzwerkes sowohl qualitativ als auch quantitativ im Sinne eines »sozialen Kapitals« messen. Und in diesem Zusammenhang ist das Konzept des Kapitals nicht einmal metaphorisch zu verstehen, sondern verweist auf die Kommerzialisierung persönlicher Beziehungen und den Bedeutungsverlust eigentlicher Freundschaften. Jedenfalls im klassischen Sinn, wie von Aristoteles und den Stoikern beschrieben, in dem ein Freund im Leben eines anderen über seinen Eigenwert definiert wird und nicht nur als Ressource, die auf der Jagd nach der Optimierung des eigenen Daseins ausgenutzt werden kann. Anders ausgedrückt: Freunde sind nichts, was man kaufen kann.

Was kann ich tun?

Wenn Sie, wie ich, ein Unbehagen angesichts der Coachifizierung und der zunehmenden Instrumentalisierung menschlicher Beziehungen verspüren, die sie repräsentiert, dann achten Sie auf den Gebrauch Ihrer Sprache. Statt über ein Netzwerk zu verfügen, sollten Sie von Ihrem Freundeskreis sprechen. Wie schon erwähnt, ist der Begriff »Freund« etwas anderes als das, was beispielsweise derzeit bei Facebook verwendet wird. Ein Facebook-Freund ist nur ein Kontakt, mehr nicht. Und ein Netzwerk besteht aus Beziehungen, die auf einem wie auch immer gearteten Kontrakt basieren. Ein wahrer Freund hingegen ist jemand, dem Sie das Beste wünschen und dem Sie selbst dann zu helfen bereit sind, wenn sich aus der Beziehung kein konkreter Vorteil für Sie ableitet. Sie selbst können lediglich darauf hoffen, von jemand anderem als wahrer Freund betrachtet zu werden, denn darüber lässt sich kein Kontrakt vereinbaren – genauso wenig wie ein Kontrakt über Liebe eingegangen werden kann. Führen Sie daher die Begriffe Freundschaft und Freundeskreis wieder ein und feuern Sie Ihren Coach.

Doch wer weiß – möglicherweise können Sie sich ja mit Ihrem Coach anfreunden. Coaches sind häufig wirklich gute Menschen, die sich für diese Arbeit entschieden haben, weil sie Menschen mögen und ihnen helfen möchten. Vielleicht können Sie und Ihr neuer Freund dann gemeinsam entdecken, dass bestimmte Dinge einen Wert an sich besitzen und nicht bloß durch die Fähigkeit definiert sind, ausgehend von persönlichen Präferenzen einen Nutzen zu maximieren, wie etwa möglichst viele Wünsche und Träume eines Menschen zu realisieren. Ich möchte hier zwei Arten gemeinsamer Aktivität empfehlen, die vielleicht einen fruchtbaren Boden für die aufkeimende Freundschaft darstellen können: eine Kultur-Aktivität und eine Natur-Aktivität, vertreten durch das Museum und den Wald.

Ein Museum ist eine Sammlung von Gegenständen der (näheren oder ferneren) Vergangenheit, also Kunst- und Kulturobjekte, die etwas über eine bestimmte Epoche oder eine Dimension der menschlichen Erfahrung aussagen. Natürlich kann man bei einem Museumsbesuch auch eine Menge Dinge lernen, doch die tiefste Freude stellt sich ein, wenn man die Erfahrung an sich genießt, ohne einen Gedanken daran zu verschwenden, wozu dieses Erlebnis »verwendet« werden könnte. Der Trick besteht also darin, etwas wertschätzen zu lernen, das zu nichts »verwendet« werden kann. In einem Museum werden Dinge ausgestellt, die aus einer bestimmten Perspektive heraus nicht mehr als alter (oder junger) Plunder sind. Aus einer Perspektive des reinen Nutzens betrachtet, ist dies zwar irrational, erinnert uns aber daran, dass wir auf den Schultern einer kulturellen Tradition stehen und daraus gemeinsame Erfahrungen ableiten können. Und ist es vielleicht nicht einfacher, festen Halt zu finden, wenn man auf den Schultern anderer steht?

Entsprechend kann man bei einer Wanderung durch den Wald erleben, ein Teil der Natur zu sein – einer Natur, die nicht nur einfach auf eine Ressource, die menschliche Ziele erfüllt oder Bedürfnisse befriedigt, reduziert werden kann oder sollte. Das Gras, die Bäume und die Vögel existierten schon lange vor den Menschen und werden uns vermutlich alle überleben. Sie sind nicht für uns geschaffen worden. Aus einer stoischen Perspektive heraus betrachtet, ist die Natur ein *Kosmos,* der über die menschliche Erfahrungswelt hinausreicht. Wir müssen die Natur auch gar nicht vergöttlichen, gleichwohl kann eine gewisse Demut ihr gegenüber eine gesunde Skepsis gegenüber der Religion des Selbst bewirken (die aus einer Art Vergöttlichung des Selbst entsteht). Der Wert der Natur an sich lässt sich am ehesten ermessen, indem man in sie hineingeht und sich vielleicht die Frage stellt: Wäre die Welt ein armseligerer Ort, wenn der Zwergpottwal ausstürbe? Aus einer menschlichen Perspektive des Nutzens gesehen, in der jeder Wert und jede Bedeutung nur auf die subjektive Wahrnehmung des Menschen reduziert ist, würde die Antwort vermutlich nein lauten. Es ist völlig gleichgültig, ob der Zwergpottwal ausstirbt oder nicht, denn er hat für uns keine Funktion. Die meisten von uns würden aber dennoch ein Unbehagen ob dieser Antwort verspüren und intuitiv einwenden, dass die Welt ohne Zwergpottwal *tatsächlich* armseliger wäre – und das sogar dann, wenn wir davon ausgehen, diesem Wal niemals zu begegnen oder mit ihm zu interagieren.

Dasselbe gilt für Museen und Museumsobjekte. Wen würde es bekümmern, wenn dieses oder jenes Museum mitsamt seinem alten Plunder in Flammen aufginge? Die Antwort lautet, dass es ziemlich viele Menschen gäbe, die sich ob dessen bekümmern würden! Ausgehend von der Religion des Selbst – in der Werte und Bedeutungen der Subjektivität entspringen – ist es schwierig, wenn nicht sogar unmöglich, zu artikulieren, warum man sich ob dessen bekümmern würde. Doch die Tatsache, *dass* vielen etwas an Zwergpottwalen und Museumsobjekten liegt, verdeutlicht die verzerrte Natur dieser Denkweise, die der Religion des Selbst innewohnt und von Heerscharen von Coaches vertreten wird.

Haben Sie nun Ihren Coach gefeuert und beschlossen, sich wieder dem Leben außerhalb Ihres Selbst zuzuwenden, wäre es das Beste, wenn Sie für einen anderen Menschen etwas Gutes tun. Das sollte nicht allzu schwierig sein, gleichwohl sollten Sie versuchen, einem anderen etwas Gutes angedeihen zu lassen, ohne ihn dabei wissen zu lassen, dass Sie dahinterstecken. Dies ist dann vielleicht nicht so einfach, weil es der Quid-pro-quo-Mentalität vollkommen widerspricht. Doch eine anonym erwiesene Gunst wird Ihnen dabei helfen, den Wert einer guten Tat an sich zu verstehen. Darüber hinaus lernen Sie, dass Ihr inneres Erleben nicht entscheidend dafür ist, ob etwas einen Wert hat oder nicht.[54] In der Welt gibt es Aspekte, die an und für sich gut, wesentlich und bedeutsam sind, auch wenn Sie selbst keinen Vorteil daraus ableiten können.

6. LESEN SIE EINEN ROMAN – KEIN SELBSTHILFEBUCH UND AUCH KEINE BIOGRAPHIE

Biographien stehen meist ganz oben auf den Bestseller-listen, doch oft preisen sie nur die trivialen Erfolge prominenter Menschen und verstärken die Idee, dass Sie Ihr Leben kontrollieren können. Für Selbsthilfebücher gilt dasselbe, und darüber hinaus lassen sie Sie letztlich bloß mit dem Gefühl zurück, die darin versprochenen Ziele wie Glück, Reichtum und Gesundheit nicht erreichen zu können. Romane hingegen erlauben es Ihnen, die Komplexität und Unregierbarkeit des menschlichen Lebens zu verstehen. Lesen Sie mindestens einen Roman pro Monat.

Haben Sie Ihren Coach erst einmal gefeuert, leiden Sie jetzt womöglich unter Selbstentwicklungs-Entzugssymptomen. Nachdem Sie andauernd mit sich selbst, Ihrem Inneren und Ihrer Entwicklung beschäftigt waren, ist es nämlich gar nicht so leicht, sich auf die Welt um Sie herum zu konzentrieren. Wie ein Ex-Raucher auf ein Nikotinpflaster werden Sie sich vermutlich auf Selbsthilfebücher stürzen, die Ihnen versprechen, das Leben gesünder und glücklicher zu machen und Sie bei der Selbstverwirklichung zu unterstützen. Oder Sie machen es wie viele andere und widmen Ihre Aufmerksamkeit einer Biographie. In gewisser Weise wäre es banal zu behaupten, das Interesse an Biographien, insbesondere Autobiographien, sei ein Ausdruck für die Kultur der Individualisierung – das

Banale daran ist aber eigentlich, dass diese Behauptung so offensichtlich zutrifft. Darüber hinaus glaube ich, dass die in Biographien verwendete lineare Darstellungsform, bei der die Ereignisse in chronologischer Reihenfolge geschildert werden, einen beruhigenden Effekt auf Individuen in einer beschleunigten Kultur ausübt, die ansonsten Amok zu laufen scheint. Sowohl in Selbsthilfebüchern als auch in Autobiographien wird das Selbst als der wesentliche Aspekt des Daseins gepriesen, doch nur selten ruht dieses Selbst kraft Integrität und moralischer Werte in sich. Vielmehr handelt es sich häufig um ein Selbst, das zu ewiger Entwicklung und Veränderung verurteilt ist. Abgesehen davon ist mir nie ein Buch in die Hände gekommen, das den Lesern dabei helfen möchte, standhaft zu sein und sich persönlicher Entwicklung zu widersetzen. Und niemals sieht man eine Autobiographie mit einem Titel wie »Keine Entwicklung – Geschichten aus meinem stabilen Leben«.

In Schritt 6 sollen Sie nun versuchen, der Abhängigkeit von dieser Art Selbst-Literatur zu entkommen, die Sie in der Vorstellung bestärkt, Sie könnten Ihr Leben kontrollieren, indem Sie in sich hineinfühlen und sich entwickeln. Schon Anfang der 1990er Jahre analysierte der Philosoph Charles Taylor, wie die von ihm so bezeichnete Ethik der Authentizität (d. h., das Leben dreht sich darum, man selbst zu werden) zu neuen Formen von Abhängigkeit führen kann, wenn Menschen, die sich ihrer Identität unsicher sind, alle Arten von Selbsthilfe-Guides zu konsumieren beginnen.[55] Wodurch entsteht Unsicherheit über die Identität, und was führt zu Abhängigkeit von Selbsthilfe? Taylor sagt, es liege daran, dass wir angefangen haben, das Selbst auf eine Art zu verherrlichen, die uns von der Welt um uns herum abschneidet: Geschichte, Natur, Gesellschaft sowie alle Veränderungen, die aus solch äußeren Umständen erwachsen. Dies habe ich im vorigen Kapitel als Religion des Selbst bezeichnet. Fangen wir an, die Bedeutung der äußeren Umstände zu leugnen, können wir uns nur noch aus uns selbst heraus definieren. Im besten Fall kann man dies trivial nennen, im schlimmsten verhindert es, das Wesentliche im Leben und die Bedeutung unserer Pflichten zu verstehen.

So gesehen, ist Selbsthilfeliteratur ein Teil des Problems und nicht dessen Lösung und sollte darum ignoriert werden. Da Lesen aber grundsätzlich eine gute Sache ist, rate ich Ihnen, sich auf eine andere Art von Literatur zu konzentrieren – nämlich auf Romane. Anders als Selbsthilfebücher und die meisten Autobiographien können Romane das Leben wahrhaftiger präsentieren – als zusammengesetzt, zufällig, chaotisch und vielfältig.[56] Romane können Ihnen verdeutlichen, wie wenig Kontrolle Sie tatsächlich über Ihr Leben haben, und sie können zeigen, wie stark Ihr Leben mit sozialen, kulturellen oder historischen Prozessen verwoben ist. Diese Erkenntnis ruft vielleicht ein wenig Demut in Ihnen hervor und kann Ihnen dabei helfen, Ihre Pflicht zu tun, anstatt weiterhin um sich selbst und Ihre Entwicklung zu kreisen.

Große literarische Genres der heutigen Zeit

Der norwegische Psychologe und Sozialwissenschaftler Ole Jacob Madsen kritisierte vor einiger Zeit die Selbsthilfeliteratur aus einem kulturellen Blickwinkel.[57] Sein Buch analysiert kognitive Zugänge (wie NLP), Achtsamkeit,

Selbstmanagement, Selbstwert und Selbstkontrolle und zeigt dabei, wie diese verschiedenen Methoden der Selbsthilfe den Menschen vorgaukeln, dass beispielsweise durch Meditation oder Übungen zum Selbstwertgefühl die wichtigsten Probleme der Gegenwart (wie etwa Umwelt- oder Finanzkrisen) gelöst werden könnten. Madsen sieht hinter dem größten Teil der Selbsthilfeliteratur ein ideologisches Ungleichgewicht, wenn zum Beispiel der Einzelne für sein Schicksal verantwortlich gemacht wird und individuelle Lösungen für Probleme suchen muss, die eigentlich gesellschaftlicher Natur sind. Es tritt ein grundsätzliches Paradox zutage, wenn die Selbsthilfeliteratur auf der einen Seite den frei wählenden und sich selbst verwirklichenden Menschen preist, auf der anderen Seite aber zur Entstehung von Menschen beiträgt, die immer mehr von Selbsthilfe und therapeutischer Intervention abhängig werden. Gern wird behauptet, dass Selbstverwirklichung zu erwachsenen, in sich selbst ruhenden Individuen führe, doch tatsächlich werden infantile, abhängige Erwachsene geschaffen, die glauben, die Wahrheit liege in ihnen selbst.

Madsen beginnt seine sorgfältige Analyse, indem er Will Fergusons satirischen Roman *Happiness* über die Selbsthilfeindustrie aufgreift. Die Hauptperson in *Happiness* ist ein einfacher Verlagsredakteur, der plötzlich auf ein Manuskript eines anonymen Autors stößt. Es handelt sich um ein Selbsthilfebuch, das schließlich auch verlegt wird. Wie sich zeigt, ist dieses Buch (im Gegensatz zu den Konkurrenztiteln des Verlags) überaus effektiv. Es wird umgehend zu einem Bestseller, da es die Leser von ihren Krankheiten befreit und sie reich, erfolgreich und glücklich macht. Die Konsequenzen der um sich greifenden Glücksepidemie sind natürlich unüberschaubar, und alle Branchen, die vom Leid der Menschen leben (darunter die Mafia), wenden sich unter Anwendung von Gewalt und Drohungen gegen den Verlag, so dass der Redakteur schließlich den Autor ausfindig machen muss, um ihrer beider Leben zu retten. Der Autor erweist sich als desillusionierter und krebskranker Zyniker, der das Buch nur geschrieben hat, um sein Enkelkind finanziell abzusichern. Schließlich willigt der Autor ein, als Gegenmaßnahme zu der immer größer werdenden Glücksepidemie ein Anti-Selbsthilfebuch zu schreiben – das sich vermutlich nicht allzu sehr von dem unterscheidet, das Sie gerade in den Händen halten.

Diese amüsante Satire lenkt unsere Aufmerksamkeit auf eine unbestreitbare Tatsache: Selbsthilfebücher funktionieren nicht! Der Grund dafür, dass jedes Jahr Hunderte von Selbsthilfebüchern publiziert werden – mit deren Hilfe wir uns selbst verwirklichen, entwickeln und »zur besten Ausgabe unserer selbst« werden sollen –, ist ja gerade, dass diese Literatur keinen besonderen Effekt hat. Ähnlich einem Drogensüchtigen, der immer mehr »Stoff« haben muss, weil die Wirkung zwar schnell eintritt, der Effekt aber nicht lange währt, ergeht es den Lesern von Selbsthilfeliteratur. Eben erst hat man angefangen, kerngesund zu leben, hat eine Blutgruppendiät angesetzt oder »achtsames Essen« praktiziert, schon kommt wieder etwas Neues auf den Markt, das man natürlich unbedingt probieren muss, weil es viel interessanter und spannender klingt. Stets gibt es noch ein Buch, das man kaufen, noch ein Konzept, das man ausprobieren, und noch einen Kurs, den man belegen sollte. So gesehen, spiegelt die Selbsthilfeindustrie exakt die Verbrauchermentalität der beschleunigten Kultur wider, in der Produkte (darunter Bücher), die dem Leser Hilfe bei der Selbstfindung versprechen, stattdessen auf die permanente Veränderung des Selbst fokussiert sind – *konstante, niemals endende Verbesserung.* Eine weitere Variante dessen, was ich zuvor Paradox-Maschine genannt habe. Im Ganzen betrachtet, zielt die Selbsthilfeliteratur eher auf Flexibilität als auf Stabilität ab: Wir sollen wir selbst bleiben – uns aber dennoch ständig verändern.

Ähnlich sieht es bei einem anderen großen Genre unserer Zeit aus: Biographien. Sie nehmen stets die oberen Plätze auf den Bestsellerlisten ein, denn allzugern möchten wir wissen, wie prominente Menschen sich verwirklicht haben. Anscheinend passiert dies auch immer früher im Leben – jedenfalls werden die Hauptpersonen der Biographien immer jünger und jünger. Jeder Sportler, der etwas auf sich hält, sollte eine Autobiographie verfasst haben – am besten vor Vollendung des 30. Lebensjahres. Auch viele bekannte Unternehmer, Mitglieder königlicher Familien, TV-Moderatoren, Schauspieler und andere Prominente schreiben Biographien, wobei die grundlegende Logik des Genres gleichbleibend ist: Das Leben wird als eine Reise dargestellt, auf der die Hauptperson kraft ihrer individuellen Entscheidungen und Erfahrungen schließlich sie selbst geworden ist. Eine besondere Variante der Biographie ist der Typus der Leidensbekenntnisse, die ich in Schritt 2 bereits erwähnt habe. Dabei handelt es sich um Literatur, in der bestimmte schmerzvolle Erlebnisse (wie etwa eine Scheidung oder eine Krankheit) als ein Geschenk beschrieben werden. Denkt man erst einmal positiv über diese schmerzvolle Erfahrung, kann sie als Ressource verwendet werden, die zu größerer Selbsterkenntnis und letztlich zu einem besseren Leben führt. Nur selten werden in Autobiographien Krisen geschildert, bei denen am Ende nichts Gutes herauskommt. Viel häufiger lesen wir von Krisen und Missgeschicken, die als Möglichkeit für persönliche Entwicklung und inneres Wachstum begriffen werden. Natürlich kann so etwas auch zutreffen, aber da Sie dieses Buch gelesen haben, wissen Sie, dass Krisen und Missgeschicke mitunter nichts anderes sind als Krisen und Missgeschicke – bei denen nicht notwendigerweise etwas Gutes herauskommt. Öfter als Sie vielleicht denken, ist es das Beste, nach einem Leben in Würde zu trachten, indem man dem Negativen in die Augen sieht und es als solches akzeptiert. Dies allerdings lernt man nicht durch die Lektüre typischer Selbsthilfebücher und Biographien (zu diesem Zweck können Seneca und Marcus Aurelius als bessere Inspirationsquellen dienen).

Der Roman als Selbsttechnik

Meiner Ansicht nach kann man lernen, die Widrigkeiten des Lebens zu akzeptieren, indem man Romane liest. Romane umfassen bekanntermaßen ein breites Spektrum, von sogenannter Chick-Lit bis hin zu den russischen existenziellen Klassikern, und zugegebenermaßen werden auch massenhaft Romane publiziert, die denselben Schablonen folgen, die wir aus der Selbstentwicklungs-Philosophie kennen. Der Punkt aber ist, dass der Form des Romans eben auch die Freiheit innewohnt, das Selbst und das Dasein auf alle möglichen anderen Arten zu schildern. Das moderne Verständnis des Daseins als ein autobiographisches Projekt ist zweifellos mit der Erfindung des modernen Romans als literarische Form verknüpft.[58]

Der Roman – einer der ersten ist Cervantes' *Don Quijote* aus dem Jahr 1606 – porträtiert nämlich die Erfahrung eines Menschen mit der Welt und kreist darum, wie dieser Mensch die (Roman-)Welt im Verhältnis zu seiner eigenen Perspektive organisiert. Frühere Literatur, wie etwa die im Mittelalter auftretenden kanonischen Erzählungen in Volksweisen und Volksmärchen, porträtiert hingegen »alles und jeden«, indem sie auf allgemeine menschliche Lebenssituationen fokussiert ist. Der Roman gewann parallel zu frühen Stadien der Individualisierung der Menschen an Bedeutung – sowohl als Produkt dieser Entwicklung als auch als Mit-Produzent derselben – und lehrte das lesende Publikum, dass die Welt aus einer subjektiven Perspektive, der Ich-Perspektive, begriffen werden solle.

Mit der Weiterentwicklung des Genres identifizierte der russische Literaturtheoretiker Michail Michailowitsch Bachtin den polyphonen Charakter des Romans – d. h., der Autor ist nicht darauf beschränkt, mit nur einer Stimme zu sprechen, sondern kann sich mehrerer Stimmen bedienen, die einander sogar widersprechen können. Letztlich haben wir es zwar weiterhin mit nur einer Welt zu tun, die allerdings kann von den verschiedenen Figuren, denen wir im Roman folgen, unterschiedlich interpretiert werden. In den letzten Jahren sind neue Formen entstanden, die mitunter – wie vom norwegischen Autor Jan Kjærstad – als *polytheistische* Romane bezeichnet werden.[59] Der japanische Bestsellerautor und Nobelpreiskandidat Haruki Murakami wird von Kjærstad als Beispiel für einen Schriftsteller herangezogen, der die Entwicklung des polytheistischen Romans vorangetrieben hat. Dabei handelt es sich um eine Fiktion, in der verschiedene Götter (oder Weltanschauungen) aufeinandertreffen und nicht nur eine einzige Welt existiert, die man aus verschiedenen Blickwinkeln betrachten kann, sondern eine Vielzahl verschiedener Welten, in die der Leser hineingezogen wird. Bei Murakami tritt das polytheistische Element an vielen Stellen zutage, am meisten vielleicht in seinem späten Hauptwerk *1Q84*, in dem unter anderem sogenannte *little people* aus anderen Wirklichkeiten auftreten. In Murakamis Romanen ändert die Wirklichkeit häufig ihre Form. Er könnte vielleicht als magischer Realist beschrieben werden, wenngleich sich seine Arbeit – nicht zuletzt aufgrund des stark melancholischen Untertons – von den südamerikanischen Pionieren des Genres wie etwa Gabriel García Márquez und Jorge Luis Borges unterscheidet.

Der Roman hat also eine Entwicklung durchgemacht – von der Darstellung *einer* Perspektive auf die Welt zur Schilderung *mehrerer* Perspektiven auf die Welt und schließlich zur Beschreibung *mehrerer* Perspektiven auf *viele* Welten. Wie Kjærstad schreibt, betritt man schwankenden Untergrund, wenn man Murakamis lange Wendungen liest. Man beginnt zu zweifeln, aber wie Sie sich aus Schritt 3 erinnern, sind Zweifler vielleicht genau das, was unsere Welt mehr als alles andere benötigt. Wir bedürfen einer Ethik des Zweifels. Das lässt sich leichter sagen als praktizieren, und vermutlich ist die (Roman-) Kunst besser dazu geeignet, diese Ethik zu vermitteln, als Philosophen und Selbstentwickler es könnten. Läsen wir mehr Charles Dickens, Vladimir Nabokov und Cormac McCarthy (einer meiner Favoriten), dann – davon bin ich überzeugt – würden wir bessere Menschen als durch die Beschäftigung mit der Lektüre von Anthony Robbins' Coaching-Guide oder Martin Seligmans Büchern über Positive Psychologie. Ich mag hier vielleicht Äpfel mit

Birnen vergleichen, dennoch lassen sich Romane und Selbsthilfebücher nebeneinanderstellen, weil sie uns auf verschiedene Art und Weise zeigen, was es heißt, ein Mensch zu sein, und worum sich das Leben eigentlich dreht. Was aber würde mit der kulturellen Perzeption unseres Selbst geschehen, wenn wir Anthony Robbins' monotheistische Anbetung des Selbst sowie seiner Entwicklung durch Murakamis Polytheismus ersetzten?

Im Takt mit der historischen Entwicklung der Romankunst haben wir auch eine Entwicklung bei den Lesenden feststellen können. Um einmal einen Begriff Michel Foucaults aufzugreifen, ist der Roman eine Art Selbsttechnik. Für Foucault ist das Selbst stets mit den Techniken verwoben, welche die Subjektivität formen und prägen. Selbsttechnik ist also eine Bezeichnung für all die Werkzeuge, die das Individuum in Beziehung zu sich selbst verwendet und mit denen es sich auf bestimmte Art und Weise als Subjekt (d. h. als handelndes Wesen) erschafft, verändert und kultiviert. Foucault nimmt verschiedene historische Zeitpunkte heraus und untersucht die zeitspezifischen Selbsttechniken wie etwa das Briefeschreiben der Stoiker, autobiographische Geständnisse, Examinationen, Askese und Traumdeutung. Man könnte den Eindruck gewinnen, dass Foucaults Selbsttechniken dem Konzept der Selbstentwicklung entsprechen. In gewisser Weise trifft das auch zu. Der Unterschied dabei ist jedoch, dass die Selbstentwickler heutiger Tage die Existenz eines Selbst voraussetzen, das entdeckt und realisiert werden soll, wohingegen Foucault dies für eine Illusion hält und der Ansicht ist, das Selbst sei etwas, das erschaffen werde, so wie ein Künstler ein Kunstwerk erschafft. Das Selbst existiert demnach nicht vor seiner Erschaffung und erschafft sich auch nicht aus eigener Kraft. Ein weiterer Unterschied besteht darin, dass das Konzept der Selbsttechnik eng mit einem Verständnis von Ethik verknüpft ist. Im späten Werk Foucaults spielt der Ethikbegriff eine wichtige Rolle, da er die fortwährende Relation des Selbst zu sich selbst abbildet. Ethik bezieht sich daher nicht auf eine abstrakte philosophische Disziplin, sondern soll in Relation zur praktischen Bildung des Subjekts verstanden werden.[60] Jemand zu sein, ein Subjekt, heißt daher nicht nur, bereits existierende Eigenschaften des Selbst zu entdecken und zu entwickeln, sondern sich auf die ethischen Dimensionen zu besinnen, die mit dem Mensch-Sein verbunden sind. Eine besonders wichtige Rolle spielt die Ethik in der polytheistischen Welt, in der das Ziel nicht darin bestehen kann, die Wahrheit über sich selbst herauszufinden – sondern darin, wahrhaftig zu sein (siehe Hannah Arendt). Die Prämisse in diesem sechsten Schritt lautet also, dass Romane Ihnen helfen können, diese Dinge besser zu verstehen.

Literatur ohne Illusionen

Schön und gut, könnten Sie jetzt einwenden, aber was *soll* ich denn nun lesen? Diese Frage kann schnell in eine schwierige Diskussion ausarten, und die Antwort hängt natürlich von diversen konkreten Umständen ab, oder anders ausgedrückt: Es kommt darauf an, wer Sie sind. Abgesehen davon, auf das Offensichtliche zu verweisen – dass nämlich die kanonische Literatur von Homer über Dante und Shakespeare bis hin zu modernen Romanen es wert ist, gelesen zu werden –, kann ich eigentlich nur anführen, welche Bücher mir persönlich etwas gegeben haben. Einsichten lassen sich aus aller erdenklichen Literatur gewinnen, von Donald Duck bis Cervantes, weswegen ich hoffe, dass meine Favoriten nicht allzu elitär erscheinen. Murakami habe ich schon erwähnt. Ich bin ein treuer Leser des Japaners. Seine konkreten Beschreibungen von allem Möglichen – von nächtlichen Träumen bis hin zur Zubereitung von Mahlzeiten – können den Leser in einen meditativen Zustand versetzen, der meiner Ansicht nach jede Achtsamkeitspraxis in den Schatten stellt. Aber ich würde gern noch zwei weitere Autoren nennen, die große Bedeutung für mich haben.

Der Erste, dem ich hier etwas Aufmerksamkeit widmen möchte, ist der Franzose Michel Houellebecq, nicht zuletzt weil er auch ein scharfer Beobachter der beschleunigten Kultur ist. Er gilt als berühmt-berüchtigt und wird kontrovers besprochen. Einige meinen, er sei ein genialer Autor in der französischen Tradition des Positivismus, die bis auf Zola zurückgeht, andere hingegen halten ihn für einen sensationslüsternen Scharlatan. Ich möchte das nicht entscheiden, und vermutlich ist er beides gleichermaßen, aber seine Bücher versuchen zu zeigen, dass unser Leben und unser Selbst Resultate historischer und sozialer Prozesse sind, die bei weitem über das hinausgehen, was man als Einzelindividuum zu beeinflussen vermag. Darüber hinaus veranschaulichen seine Bücher (häufig auf lustige und satirische Art), was mit diesen historischen und sozialen Prozessen falschläuft. Obwohl ich von einigen schon gehört habe, dass sie sich nach der Lektüre von Houellebecq ein wenig deprimiert fühlten, hat sein Werk auf mich doch einen umgekehrten Effekt: Sein desillusionierter Blick auf die Gegenwart mit all ihren Problemen hat etwas äußerst Erbauendes.

Nur schwer lässt sich ermessen, ob Houellebecqs Bücher

eigentlich Romane und somit reine Fiktion sind oder nicht auch über deutliche autobiographische Elemente verfügen.[61] Permanent spielen sie mit den üblichen Gegensätzen zwischen (biographischen) Fakten und Fiktion sowie zwischen Kunst und Wissenschaft. Häufig erinnert die Hauptperson an den Autor selbst, und die männliche Hauptperson in den meisten seiner Bücher heißt sogar Michel. In einem seiner bekanntesten Werke, Elementarteilchen, wächst die Hauptfigur bei ihrer Großmutter auf, nachdem sie von ihren Eltern verlassen wurde, die von Selbstentwicklung geradezu besessen waren: »Die mühselige Pflege, die das Aufziehen eines kleinen Kindes erfordert, erschien dem Paar sehr bald unvereinbar mit ihrem Ideal der persönlichen Freiheit …«, schreibt Houellebecq und zeichnet damit Parallelen zu seinem eigenen Leben nach.

Ein immer wiederkehrendes Thema in Houellebecqs Werk ist die totale Vermarktung der menschlichen Beziehungen in der beschleunigten Konsumgesellschaft. In seinen Romanen ist beinahe jede Beziehung von einem Austausch an Dienstleistungen geprägt, wobei die persönliche Erfahrung des Individuums das höchste Gut darstellt, woran alles andere im Leben gemessen werden soll. Liebe wird häufig als rein sexuelle Beziehung beschrieben, und Religion wird zu einer oberflächlichen und ko(s)mischen New-Age-Philosophie auf einem Markt, auf dem neue Erlebnisse feilgeboten werden.

In *Elementarteilchen* folgen wir den Halbbrüdern Michel und Bruno (Verkörperungen von Vernunft und Gefühl bzw. Mäßigkeit und Überfluss), die ununterbrochen die zeitgenössische Konsumgesellschaft analysieren, in der das Begehren durch Konsum organisiert wird und gewöhnliche Proportionen überschritten werden. Die Figuren in *Elemen-*

tarteilchen leben in einer Gesellschaft ohne Normen, in der alle Werte an Erlebnissen und Genüssen gemessen werden. Abgesehen davon, gehen die Individuen in den herrschenden Diskursen der Gesellschaft auf, wie etwa im folgenden, in dem der Wissenschaftler Michel das Dasein seines Halbbruders analysiert:

> *Konnte man Bruno als ein Individuum betrachten? Das Verfaulen seiner Organe betraf nur ihn selbst, er würde den körperlichen Verfall und den Tod als individuelle Erfahrung erleben. Seine hedonistische Lebenseinstellung und die Kräftefelder, die sein Bewußtsein und seine sinnlichen Begierden strukturierten, waren dagegen seiner ganzen Generation zu eigen. Ebenso wie der Aufbau einer Versuchsreihe und die Wahl einer oder mehrerer Observablen es erlauben, einem atomaren System ein bestimmtes Verhalten – mal Teilchen-, mal Wellenverhalten – zuzuweisen, so konnte auch Bruno als Individuum angesehen werden, aber auf der anderen Seite war er nur ein passives Element der Entfaltung einer historischen Bewegung. Seine Motivationen, seine Wertvorstellungen, seine sinnlichen Begierden, all das unterschied ihn nicht im geringsten von seinen Zeitgenossen.[62]*

Wie Bruno erleben wir uns alle als einzigartige Wesen mit individuellen Träumen und Ambitionen, doch das ist laut Michel nur die Spiegelung einer historischen Bewegung. Diese soziologische Perspektive scheint einerseits von Houellebecq selbst zu stammen, doch andererseits auch von seinen Hauptpersonen, die ihr eigenes Dasein sowie das anderer Personen aus einer äußeren, analysierenden und soziologisierenden Perspektive betrachten. Den Personen haftet häufig etwas Zynisches an, menschliche Beziehungen werden instrumentalisiert und daran gemessen, wie viel körperliches Vergnügen sie bereiten können. Eine typische Passage für den objektivierenden Blick der Personen auf sich selbst und andere ist vielleicht die folgende, in der der erfolgreiche Forscher Michel in jungen Jahren seine Stellung als Forschungsleiter aufgibt und sich von seiner Nachfolgerin verabschiedet:

> *Er stand vor seinem Toyota und reichte der Forscherin mit einem Lächeln die Hand (seit mehreren Sekunden hatte er sich vorgenommen, diese Geste, begleitet von einem Lächeln, auszuführen, und sich innerlich darauf vorbereitet). Die Handflächen verschränkten sich und schüttelten sich leicht. Ein wenig zu spät sagte er sich, daß es diesem Händedruck an Wärme gefehlt habe; angesichts der Umstände hätten sie sich umarmen können, wie es Minister oder manche Schlagersänger taten.*[63]

Houellebecq sieht die gesellschaftliche Entwicklung eng verbunden mit der demokratisierenden Ideologie der Hippies, 68er und New-Age-Anhänger: Die nach innen gerichtete Bewegung endet in Leere und Enttäuschung, wenn man erkennt, dass nichts darin zu finden ist. Daher muss man die Intensität im Leben an anderen Orten suchen, die Selbstentwicklungsideologie kulminiert schließlich in sexuellen Exzessen. Houellebecqs Romane lehren uns, dass die Jagd nach dem Selbst und der Selbstverwirklichung im Grunde genommen eine Spiegelung der spätkapitalistischen Gesellschaft ist, in der sich Vermarktung und Instrumentalisierung sogar auf intimste Beziehungen auswirken. Das Dasein dreht sich immer mehr um möglichst viele Erlebnisse, ohne dass dabei äußere Standards erkennbar wären, die einem Halt geben könnten, weshalb »die allmähliche Zerstörung der moralischen Werte im Laufe der 60er, 70er, 80er und schließlich der 90er Jahre ein durchaus logischer, unabwendbarer Prozess«[64] ist.

Houellebecqs Romane enthalten dystopische Beschreibungen zentraler Aspekte des menschlichen Lebens und der (Auflösung der) menschlichen Identität in der postmodernen Konsumgesellschaft, die unmittelbar präzise und übertrieben sind. So gesehen, können seine Bücher als literarische Soziologie betrachtet werden, die Tendenzen in der beschleunigten Kultur und die daraus resultierenden Konsequenzen für den Menschen analysiert.[65] Der Fokus liegt auf der (nicht zuletzt körperlichen) Oberfläche, und alles in allem tritt Houellebecq als radikal anti-psychologischer Autor hervor: Teils wird abgestritten, dass der Psychologie (die mit New-Age-Religion in einen Topf geworfen wird) irgendeine Form von wissenschaftlicher Erklärungskraft innewohnt, teils haben die Personen kein besonderes Innenleben oder Selbst, das realisiert werden soll (wenngleich einige sich genau das einbilden). Das Selbst wird somit einerseits im Körper und andererseits in der Gesellschaft aufgelöst.

Etwas Ähnliches lässt sich bei dem norwegischen Autor Karl Ove Knausgård feststellen, der international für sein autofiktives Mammutwerk gefeiert wird. Auf Tausenden von Seiten, in die der Leser auf geradezu hypnotische Weise hineingezogen wird, erinnert uns Knausgård an die faszinierenden Details des Alltags. Zwar ist er nicht so kritisch-satirisch wie Houellebecq, aber genauso frei von jedweden Illusionen, und seine Bücher sind noch stärker mit seinem tatsächlichen Leben verwoben. Aber ist Knausgårds Werk dann nicht eine Autobiographie? Nein, es ist ebenso wenig eine Autobiographie wie dieses Buch ein Selbsthilfebuch ist. Man könnte auch sagen, dass sein Werk kraft seiner Monstrosität die Autobiographie als Genre dekonstruiert. In Autobiographien erfahren wir von wegweisenden Entscheidungen und Schlüsselsituationen, durch die der Autor sich selbst erschafft oder realisiert. Bei Knausgård hingegen lesen wir permanent von kleinen, dem Anschein nach trivialen Ereignissen (wie etwa der Organisation eines politisch korrekten schwedischen Kindergeburtstages oder den Problemen des Autors hinsichtlich seiner mangelnden sexuellen Erfahrung). Möglichweise sind weder Houellebecqs noch Knausgårds Bücher im objektiven Sinne *korrekt* (beide haben juristische Probleme bekommen, als sie über real existierende Personen und Orte schrieben), doch meines Erachtens bieten sie *wahre* Beschreibungen unseres Lebens, eben weil sie so bar jeder Illusionen sind und es wagen, sich auf die negativen Dinge im Leben zu fokussieren. Sie bieten uns nicht die Wahrheit in Großbuchstaben (die vermutlich ohnehin nur für die Religiösen unter uns existiert), sondern vermitteln wahre Schilderungen der Aspekte des Lebens in der beschleunigten Kultur. Die Bücher dieser Autoren zeigen uns, dass eine Literatur, die negativ und ohne Illusionen daherkommt, nicht deprimierend und entmutigend sein muss, sondern erbaulich sein kann, weil sie die Bedeutung dessen hervorhebt, das außerhalb unseres Selbst liegt.

Was kann ich tun?

Lesen Sie mindestens einen Roman im Monat. Die meisten von uns schaffen das ohne Probleme. Ich habe bereits ein paar Empfehlungen gegeben und zu begründen versucht, weshalb Autoren wie Murakami, Houellebecq und Knausgård es wert sind, gelesen zu werden: Sie bieten ein gänzlich anderes Verständnis vom Selbst, als es in Selbsthilfebüchern und Biographien zu finden ist. Wir werden von dem geprägt, was wir lesen. Entscheiden Sie sich für Biographien und Selbsthilfeliteratur, werden Sie mit der Idee eines Selbst konfrontiert, das einen festen Dreh- und Angelpunkt für das Leben darstellt. Ihnen wird eine positive und optimistische Entwicklungsgeschichte erzählt, in der Sie sich spiegeln können. Romanautoren hingegen bieten eine komplexere, ja sogar polytheistische Weltsicht. Ich bin mir nicht sicher, was geschehen würde, wenn wir das Werk dieser Autoren nicht als Selbsthilfequelle, sondern zur Deutung unseres Daseins verwendeten. Vermutlich aber würden wir ein genaueres Bild der Welt erhalten, in der wir leben. Das Werk würde polyphone Perspektiven (Murakami) auf soziale und historische Prozesse (Houellebecq) bieten, und kein Detail aus dem Alltagsleben wäre zu klein, um ausgelassen zu werden (Knausgård).

Wie können Romane uns lehren, Halt zu finden und standhaft zu sein? Indem sie uns helfen, eine außerhalb unseres Selbst liegende Bedeutung oder Perspektive zu finden, auf der sich Halt finden lässt. So jedenfalls lautet die These in dem Buch *Alles, was leuchtet: Wie große Literatur den Sinn des Lebens erklärt*. Die einflussreichen amerikanischen Philosophen Hubert Dreyfus und Sean Kelly möchten die Leser zur Lektüre der westlichen Klassiker animieren, um in einer säkularisierten Zeit – einer Welt ohne Gott – einen Sinn zu finden.[66] Dreyfus und Kelly erörtern Autoren wie David Foster Wallace, Homer, Dante und Herman Melville, um dem Leser eine Offenheit gegenüber der Welt anzubieten, die der moderne Mensch ihrer Auffassung nach verloren hat. Wir seien zwar fähig zur Introspektion und beschäftigten uns mit unserem inneren Erleben, so die Autoren, hätten aber keinen Begriff davon, wie aus der Welt, in der wir leben, ein Sinn abgeleitet werden könne. Nach Ansicht der Autoren sind aber die Klassiker in der Lage, zu diesem Verständnis beizutragen. Wie Murakami halten die beiden Philosophen Ausschau nach einer polytheistischen Weltsicht und finden sie beispielsweise bei Melville und dem weißen Wal (Moby Dick), der mit Bedeutung geradezu überfrachtet ist – unter anderem auch als polytheistische Gottheit (das mag jetzt vielleicht mysteriös klingen, aber lesen Sie Moby Dick oder Dreyfus & Kelly, und Sie werden verstehen).

Im Gegensatz zur in der monotheistischen Philosophie vorgenommenen Unterscheidung zwischen äußerer Erscheinung und innerem Kern, die ähnlich auch in der Religion des Selbst zu finden ist (nämlich in der Unterscheidung zwischen dem inneren, authentischen Kern-Selbst und der äußeren Maske), existiert im Polytheismus keine »echte« Wirklichkeit, die hinter der äußeren Erscheinung verborgen ist. In einer Kultur wie der unseren, in der die Entwicklung des Selbst zelebriert wird, könnte dies eine durchaus lehrreiche Idee sein. Sie erinnert im Übrigen an Oscar Wilde, der behauptete, dass nur oberflächliche Menschen nicht von der äußeren Erscheinung her urteilen: »Das wahre Geheimnis der Welt ist das Sichtbare, nicht das Unsichtbare ...«, wie Wilde im Bildnis des Dorian Gray schreibt. Häufig hören wir, unsere Kultur sei oberflächlich und nur auf das Äußere fokussiert. Doch falls die Philosophen und Oscar Wilde recht haben, ist das Problem umgekehrt: Wir sind nicht oberflächlich genug, glauben aber, das Eigentliche liege hinter der Oberfläche verborgen. Doch dahinter, im Inneren, gibt es nichts, keine Authentizität. Nachdem Sie nun sechs von sieben Schritten in diesem Buch absolviert haben, sollten Sie sich dessen inzwischen bewusst sein.

Abgesehen von Romanen können Sie natürlich auch ein paar philosophische Klassiker mit literarischen Qualitäten lesen. Ein ausgezeichnetes Handbuch hierfür ist Alain de Bottons *Trost der Philosophie: Eine Gebrauchsanweisung*. Darin erfährt man, dass man über Sokrates (bei Platon) lesen sollte, wenn man sich unbeliebt fühlt; wie die Lektüre von Epikur hilft, wenn man frustriert ist; wie Montaigne anregt, wenn man sich (sexuell) unzulänglich fühlt; wie Schopenhauer ein gebrochenes Herz zu heilen vermag und wie Nietzsche gute Ratschläge erteilt, wenn man ganz allgemein auf Herausforderungen im Leben trifft (und das widerfährt uns schließlich allen).[67] Es liegt ein ganz eigener Trost darin, dass diese toten, alten und klugen Philosophen selbst einmal mit all den Problemen konfrontiert waren, die mit der menschlichen Existenz verbunden sind. Und überaus beruhigend ist es, im 21. Jahrhundert über Gesprächspartner zu verfügen, die vor Hunderten oder Tausenden von Jahren gelebt haben. Allein schon diese Erfahrung hilft, ein wenig Halt in der beschleunigten Kultur zu finden, die allerlei merkwürdige Dinge von uns fordert. Würde Sokrates sich in wertschätzender und anerkennender Sprache ausdrücken? Würde Schopenhauer Begeisterung für Positive Psychologie aufbringen? Würde Epikur danach streben, das volle Potenzial des Selbst auszuschöpfen? Würde Nietzsche einen Coach aufsuchen? Wohl kaum! Haben wir hier womöglich etwas zu lernen?

7. BESINNEN SIE SICH
AUF DIE VERGANGENHEIT

Falls Sie der Ansicht sind, die Dinge liefen heutzutage schlecht, dann vergessen Sie nicht, dass alles noch viel schlimmer kommen kann. Und vermutlich auch kommen wird. Die Vergangenheit jedoch erscheint immer nur heller und leuchtender, je weiter wir uns von ihr entfernen. Falls also jemand mit Innovationsplänen und »Visionen« über die Zukunft zu Ihnen kommt, dann erwidern Sie, dass früher alles besser war. Erklären Sie dem Betreffenden, dass die Idee von Fortschritt gerade einmal zweihundert Jahre alt ist und eigentlich zerstörerisch wirkt. Wiederholen Sie sich selbst, so oft es geht. Suchen Sie nach Vorbildern, die sich bewährt haben. Bestehen Sie auf dem Recht, stillzustehen.

Die beschleunigte Kultur konzentriert sich zu ein und demselben Zeitpunkt auf das Jetzt und auf die Zukunft, wohingegen sie an der Vergangenheit nur mäßig interessiert ist. New-Age- und Psychologietechniken wie Meditation und Achtsamkeit sollen uns dabei helfen, im Jetzt zu leben. In der Management- und Organisationsentwicklung dient Otto Scharmers (Begründer der Theorie U) Idee vom »Presencing« zur Hervorhebung der Bedeutsamkeit dessen, was im Hier und Jetzt geschieht. Gleichzeitig soll sich die Konzentration auf das Jetzt positiv auf unsere Effizienz in einer möglichen Zukunft auswirken. Wir sollen heute präsent sein, um morgen Erfolg zu haben.

Die Beraterfirma Ankerhus schrieb über Scharmer und die Theorie U:

Wir können die fundamentalen Probleme unserer Zeit nicht beseitigen, indem wir zu Lösungsansätzen greifen, die der Vergangenheit angehören. Wir können keine neuen, innovativen Lösungen für Organisations- und Gesellschaftsprobleme entwickeln, indem wir an alten Mustern festhalten. Etwas Neues muss hinzugefügt werden, damit wir uns individuell und kollektiv in ein Feld hineinbewegen können, wo wir unser authentisches Selbst erleben und wo wir zu identifizieren lernen, was uns in veralteten Denk- und Handlungsmustern verharren lässt. Dies ist die neue soziale Technik, die Scharmer »Presencing« nennt.

Auf der Reise durch das U lernen wir, der Zukunft mit offenen Sinnen, offenem Herzen und offenem Willen entgegenzutreten – und somit unser optimales Zukunftspotenzial auszuschöpfen.

Bei der Theorie U handelt es sich im Prinzip um eine auf organisationelle Innovation übertragene Philosophie der Achtsamkeit. Die Botschaft lautet, dass sich durch einen Blick auf die Vergangenheit nur veraltete Muster erkennen lassen, die heute nicht mehr funktionieren, und dass wir nur durch die Anwesenheit im Hier und Jetzt unser »authentisches Ich« (das, wie Sie mittlerweile wissen, ein Mythos ist) erleben und unsere optimalen Möglichkeiten in der Zukunft realisieren können. Die Vergangenheit ist out – das Hier und Jetzt ist der letzte Schrei, ein Hier und Jetzt allerdings, das als Instrument für eine optimale Zukunft (das eigentliche Ziel) dienen soll.

Wollte man etwas provokant sein, könnte man die

Anhänger des Jetzt fragen, wer eigentlich am ehesten in der Lage wäre, im Hier und Jetzt zu verweilen. Die Tiere, würde die Antwort lauten. Denn die Tiere sind nicht mit der kognitiven Fähigkeit belastet, vergangene Ereignisse zu erinnern oder erworbene Kenntnisse früherer Generationen auf neue zu übertragen. Nicht menschliche Tiere (aber auch beispielsweise Säuglinge) sind ausschließlich im Jetzt verortet, der Mensch hingegen zeichnet sich durch die Fähigkeit aus, die Verbindung zum aktuellen Moment zu transzendieren und – auf einzigartige Weise – auf die Vergangenheit zurückzugreifen. Aber weshalb ist es so unpopulär geworden, auf die Vergangenheit zurückzublicken? Trifft die Analyse in diesem Buch zu, dann liegt das an der beschleunigten Kultur, die per definitionem zukunftsorientiert ist und davon lebt, ständig neue Vorstellungen von der Zukunft zu produzieren. Es gibt sogar zahlreiche Firmen, Institute und Berater, die sich auf »Zukunftsforschung« spezialisieren, d. h. die es für entscheidend erachten, nach neuesten Trends zu forschen, um sich auf Zukünftiges einrichten und um die Zukunft mitgestalten zu können. Tatsächlich sind Zukunftsforscher eher an der Gestaltung als an der Erforschung der Zukunft interessiert. Sie verkaufen Ideen und Konzepte (von der Traumgesellschaft, der Freizeitgesellschaft, der Gefühlsgesellschaft oder wie auch immer es im Lauf der Zeit genannt wurde) an ihre Kunden, die sich dann nach dem einrichten, das – wie ihnen prophezeit wurde – demnächst eintreten wird. Wobei es natürlich nur deshalb eintritt, weil die Kunden dafür bezahlt haben, zu erfahren, was eintreten wird, und sich dann – wie alle anderen – dementsprechend darauf einrichten. Einmal mehr haben wir es mit einem Paradoxon zu tun: Die Art und Weise, wie wir uns auf die Zukunft vorbereiten, formt die Zukunft als eine Spiegelung eben jener Art und Weise, auf die wir uns darauf vorbereiten. Vereinfacht ausgedrückt, wird Angela Merkels Postulierung der Alternativlosigkeit bestimmter Maßnahmen erst wahr (und somit zu einer sich selbst-erfüllenden Prophezeiung), wenn die Mehrzahl der Deutschen an diese Aussage glaubt. Oder wie das alte, aus der Soziologie stammende Thomas-Theorem besagt: Wenn die Menschen Situationen als wirklich definieren, sind sie in ihren Konsequenzen wirklich. So und nicht anders funktioniert die Zukunftsforschung und unsere kollektive Besessenheit von der Zukunft: Indem wir eine bestimmte Tendenz als wirklich definieren, hat diese wirkliche Konsequenzen für die Zukunft (und in ihr).

Genau solche Gedanken haben den Philosophen Simon Critchley (dem wir in diesem Buch schon begegnet sind) die Schlussfolgerung ziehen lassen, dass unsere manische Fokussierung auf die Zukunft und auf die ewige Idee vom Fortschritt zutiefst schädlich ist: »Wir sollten uns dieser Ideologie der Zukunft und diesem Kult des Fortschritts so gut es geht entledigen. Die Idee des Fortschritts ist erst ein paar hundert Jahre alt, und noch dazu eine schlechte Idee. Je schneller wir sie loswerden, desto besser«, schreibt er.[68]

Wir sollten Fortschritt durch Wiederholung ersetzen und lernen, uns auf die Vergangenheit zu besinnen. Dies wäre ein viel zutreffenderer Ausdruck für unsere Menschlichkeit und für eine reife Einstellung zum Leben. Doch das ist nicht einfach. Kinder, Teenager und Tiere sind (wie sie sollten) auf die Zukunft orientiert, und das menschliche Gedächtnis ist weit mehr auf Zukünftiges als auf Vergangenes gerichtet. Das Gedächtnis ist das Fundament, auf dem wir im Hinblick auf neue und unbekannte Situationen reagieren, aber kein Werkzeug, mit dem wir die Vergangenheit um ihrer selbst willen heraufbeschwören sollten.[69] Dabei darf allerdings nicht vergessen werden, dass das Gedächtnis den reifen, erwachsenen Menschen charakterisiert. Wir können auf die Vergangenheit und auf vergangene Erfahrungen zurückgreifen, um zu lernen, wie wir einerseits unser Leben gestalten (darauf komme ich weiter unten noch zurück) und andererseits unsere Kultur entwickeln können. Wie Critchley es zu formulieren versucht: Die wesentlichen Dinge in der Ideengeschichte sind Wiederholungen und keine Neuschöpfungen. Renaissance bedeutet ganz buchstäblich Wiedergeburt. In jener Zeit wurden beispielsweise Philosophie, Humanismus, Kunst und Wissenschaft der Griechen wiederentdeckt. Auch Shakespeare verwendete Schriften Ovids oder Reden aus dem Römischen Senat, ohne sich dabei als Neuschöpfer zu bezeichnen. Erst in den letzten Jahrhunderten haben wir begonnen, das Neue und auf die Zukunft Gerichtete als Qualität an sich zu begreifen. Tatsächlich jedoch war in den alten Tagen vieles besser.

Wir haben eine Kultur geschaffen, in der Visionspläne geschmiedet und Zukunftswerkstätten eingerichtet werden, und genau aus diesem Grund vergessen wir allzu leicht die Kenntnisse und Errungenschaften der Vergangenheit. Begriffe wie Innovation und Kreativität tauchen in diversen Organisations- und Pädagogikdiskursen auf, in denen man allerdings die Bedeutung der Wiederholung und des Bewährten aus den Augen verloren hat. Wir sind die ganze Zeit angehalten, »über den Tellerrand hinauszuschauen«, doch zum Glück weisen auf Nüchternheit bedachte Kreativitätsforscher darauf hin, dass es nur dann einen Sinn ergibt, über den Tellerrand hinauszublicken, wenn man sich der Tatsache bewusst ist, dass es sich um einen Teller handelt (und man dessen Beschaffenheit kennt). Vermutlich ist es in den meisten Fällen klüger, auf diesem Tellerrand zu balancieren und sich – mit kleinen Variationen und Improvisationen – bekannten und bewährten Themen zu widmen.[70] Neues ergibt nur im Rahmen eines Horizonts aus bekannten Dingen einen Sinn. Weiß man nichts über die Vergangenheit und ihre Traditionen, ist es auch nicht möglich, etwas Neues zu erschaffen, das brauchbar wäre.

Persönliche Bedeutung der Vergangenheit

Betrachten wir diese Thematik im Zusammenhang mit unserem persönlichen Leben, finden wir vielleicht noch weitere Gründe dafür, die Orientierung auf die Zukunft ein wenig herunterzuschrauben und uns stärker auf die Vergangenheit zu besinnen. Die eigene Vergangenheit zu kennen und sich mit ihr aufzuhalten ist nämlich eine Voraussetzung für eine einigermaßen stabile Identität und somit auch für die Moral unserer Beziehungen zu anderen. Wollen wir in moralischem Sinne gut leben, ist eine Besinnung auf unsere persönliche Vergangenheit von wesentlicher Bedeutung. Mark Twain sagte, ein gutes Gewissen sei ein sicheres Zeichen für ein schlechtes Gedächtnis. Frühere Fehler zu kennen – und sie im Gedächtnis zu behalten, ohne sich von ihnen quälen zu lassen – wird Ihnen dabei helfen, richtig zu handeln. Neben der moralischen Lehre, die wir aus der Vergangenheit ziehen können, ist es für unser Selbstverständnis ebenso wichtig, das Leben als etwas zu betrachten, das sich auch auf die Vergangenheit erstreckt – hier finden wir die Wurzeln unserer Identität. In seinem Roman *All die schönen Pferde* schreibt Cormac McCarthy, der Körper habe die Eigenschaft, uns daran erinnern zu können, dass unsere Vergangenheit real ist. Unter Freunden und Liebenden ist es eine alte Sitte, Narben zu betrachten und zu vergleichen, denn sie sind der deutliche physische Beweis vergangener Ereignisse und bilden die Verbindung zwischen damals und heute. Vielleicht sollten Sitzungen eingeführt werden, in denen Menschen innerhalb von Organisationen oder Unternehmen einander begegnen, ihre Narben vergleichen und auf diese Weise lernen, sich auf die Vergangenheit zu besinnen, anstatt wie heute unentwegt Visionen für die Zukunft zu entwickeln?

Im Hinblick auf die Intention dieses Buches, Sie bei der Suche nach Halt und der Entwicklung von Standhaftigkeit zu unterstützen, ist die Besinnung auf die Vergangenheit vielleicht der wichtigste Schritt. Halt finden zu können setzt ein Bewusstsein für die eigene Vergangenheit voraus, denn ohne Vergangenheit gibt es nichts, worauf sich fest stehen ließe. Zahlreiche Philosophen haben dies in den letzten Jahren formuliert, darunter auch der bereits erwähnte Charles Taylor, nach dessen Auffassung eine Orientierung im Jetzt nur möglich ist, sofern man eine Vergangenheit hat, zu der man sich in Beziehung setzen kann. Sollen wir auf Fragen wie »Wer bist du?« oder »Was willst du?« antworten (wozu wir in der therapeutischen Entwicklungskultur ständig aufgefordert werden), wäre uns vermutlich besser damit gedient, eine Antwort zu geben, die unser Leben und unsere Handlungen in einer zeitlich-biographischen Perspektive artikuliert, als innezuhalten und gleich einem temporären Schnappschuss unsere augenblicklichen Gefühle zu eruieren. Um zu wissen, wer wir sind, müssen wir verstehen, woher wir kommen. Der französische Philosoph Paul Ricœur versuchte in seinem Werk *Das Selbst als ein Anderer*[71] aufzuzeigen, dass die Menschen nur moralisch im eigentlichen Sinne sein können, wenn sie sich zu ihrem Leben als Ganzes in Beziehung setzen, als eine Einheit, die sich kontinuierlich durch die Zeit erstreckt und die am besten als eine Geschichte, als ein zusammenhängendes Narrativ verstanden werden kann.

Warum ist »das Leben als Ganzes« eine Voraussetzung für Moral oder Ethik (die in diesem Zusammenhang Synonyme sind)? Weil, so Ricœur, die anderen keinen Grund haben, mir zu vertrauen, und auch nicht darauf, dass ich tun werde, was ich versprochen habe, und dass ich im Übrigen meinen Verpflichtungen nachkomme, wenn sie nicht darauf vertrauen können, dass ich morgen noch derselbe bin, der ich heute bin und gestern war. Wenn ich meine Vergangenheit nicht kenne und nicht danach trachte, mich in einem Zusammenhang zwischen gestern, heute und morgen zu etablieren, dann gebe ich anderen keinen Grund, mir zu vertrauen. Verfüge ich nicht über das, was Ricœur »Selbst-Beständigkeit« nennt, können weder ich selbst noch andere mit mir rechnen. Selbstbeständigkeit, d. h. persönliche Integrität oder Identität, ist auf ganz grundsätzliche Weise eine Voraussetzung dafür, dass Vertrauen zwischen Menschen und somit ein ethisches Leben gefunden werden kann. Wir können im Verlauf der Zeit nur Versprechen abgeben und uns zu gemeinsamen Handlungen verpflichten, weil wir uns im Verlauf der Zeit als uns selbst verstehen – weil wir über eine mehr oder weniger kohärente Identität verfügen. Und diese können wir nur haben, weil wir unser Leben als narrative Einheit betrachten können, als eine Geschichte, die mit der Geburt beginnt und mit dem Tod endet. Darum müssen wir lernen, nach einer Selbst-Beständigkeit zu streben, die auf die Vergangenheit Bezug nimmt, anstatt nach einer Selbst-Entwicklung, die sich auf die Zukunft richtet. Einige von uns kennen vielleicht Menschen, die plötzlich »sich selbst gefunden haben« und Verbindungen zu Familie und Freunden abbrechen, um sich selbst in einer neuen Arena oder auf Reisen in weite Fernen zu realisieren. Ein plötzliches Abweichen von der Lebensbahn kann natürlich legitim sein (wenn man zum Beispiel endlich aus häuslicher Gewalt ausgebrochen ist), doch wenn der einzige Grund Selbstverwirklichung heißt, ist dies unter Umständen moralisch bedenklich. Soll das Selbst in unseren verpflichtenden Beziehungen zu anderen sowie in den moralisch wichtigen Anliegen gefunden werden, die diese charakterisieren – wenn es also keine innere Größenordnung ist, die realisiert werden soll –, dann kann Selbstverwirklichung im eigentlichen Sinne nur durch ethische Interaktion mit anderen vollzogen werden. Vielleicht könnte man sogar noch einen Schritt weiter gehen und sagen, dass nur Individuen mit Selbstbeständigkeit Schuld fühlen können und fähig sind, moralisch zu agieren (apropos Mark Twains Bemerkung über reines Gewissen als Zeichen schlechten Gedächtnisses).

Für uns Menschen gibt es einen inneren Zusammenhang zwischen Schuldgefühl und der Idee des Versprechens – beide sind fundamentale anthropologische Phänomene. Wären wir nicht in der Lage, Versprechen zu geben, könnten zum Beispiel weder Ehen noch andere langfristige Beziehungen, die auf Treue basieren (vielleicht sogar »bis der Tod uns scheidet«), zwischen Menschen existieren. Es könnten keine Vereinbarungen und Interaktionen im Hinblick auf Waren oder Eigentum eingegangen werden (»ich verspreche dir, morgen zu bezahlen«), das ganz gewöhnliche Alltagsleben würde nicht funktionieren, da es ja auf der permanenten Abgabe von kleinen und großen, sowohl expliziten als auch impliziten Versprechen beruht (»ich werde gleich den Abwasch machen«). Weder eine menschliche Gemeinschaft noch ein soziales Leben überhaupt könnte ohne unsere fundamentale Fähigkeit funktionieren, Versprechen abzugeben und einzuhalten. Ein Versprechen abzugeben bedeutet, dass wir bereit sind, Rechenschaft darüber abzulegen, ob das, was wir versprochen haben, auch eingelöst wird. Geschieht dies nicht, ist Schuld ein Gefühl, das uns an unser Versagen erinnern kann. Schuld ist die psychologische Reaktion auf gebrochene Versprechen, und sie setzt eine Erinnerung an vorherige Sünden voraus. Wenn wir unsere Vergangenheit nicht kennen, können wir keine Schuld empfinden und daher auch nicht moralisch sein.

Wir sind hier an einem fundamentalen und daher vielleicht auch nur schwer verständlichen Punkt. Wir sind daran gewöhnt, dass dieses »wer wir sind« zutiefst von einem inneren Selbst oder von bestimmten festgelegten Persönlichkeitszügen determiniert ist. Falls meine Überlegungen richtig sind, dann ist das »wer wir sind« indes vielmehr von unseren Versprechen und unseren Verpflichtungen gegenüber anderen bestimmt. Seinen Pflichten nachzukommen ist somit aber nicht nur eine lästige Aufgabe, sondern eine Manifestation dessen, was im Leben Bedeutung hat und wer man grundsätzlich ist. Eine Besinnung auf die Vergangenheit wird in diesem Zusammenhang unvermeidlich. Gleichzeitig ist sie aber auch ein Prozess, der gezwungenermaßen oft etwas unklar bleibt. Unsere Vergangenheit – sowohl die persönliche als auch die kulturelle – ist keine fertige Geschichte, die ad hoc und im Ganzen betrachtet werden kann. Wir sind durch Begebenheiten und Beziehungen auf eine Art und Weise verwoben, die wir selbst nicht immer verstehen können. Das ändert aber nichts daran, dass wir (insbesondere aus moralischen Gründen) danach trachten müssen, Vergangenheit, Gegenwart und Zukunft miteinander zu verbinden, und dass wir uns nicht damit begnügen können, »voll und ganz im Augenblick zu leben«. Aus diesem Grund sind auch (Auto-)Biographien in vielen Fällen schlecht geeignet, ein Leben zu spiegeln. Wie wir schon im letzten Schritt gesehen haben, ist dieses Genre viel zu linear und individualistisch ausgerichtet, als dass es die verwirrende Komplexität des realen Lebens einfangen könnte. Die Besinnung auf die Vergangenheit kann Ihnen die Komplexität Ihres Lebens verdeutlichen und aufzeigen, wie eng verknüpft es mit diversen sozialen und historischen Prozessen ist.

Was kann ich tun?

Wenn Sie nun vom Wert der Besinnung auf die Vergangenheit überzeugt sind, gibt es zwei Dinge, die Sie tun können. Eine Möglichkeit ist es, bestehende Gemeinschaften ausfindig zu machen, die von der Vergangenheit determiniert sind. Für ein einzelnes Individuum ist es mitunter nicht einfach, etwas zu tun, das dem Zeitgeist widerspricht. Deshalb ist es vorteilhaft, sich nach Gemeinschaften von Gleichgesinnten umzusehen. Können Sie solche Gemeinschaften nicht finden, kommen Sie nicht umhin, die Arbeit selbst zu erledigen – aber dazu später mehr.

Genauso wie ein Einzelindividuum sich selbst nur durch Wissen um seine eigene Vergangenheit begreifen kann – und wie diese Vergangenheit mit einer Fülle von Beziehungen und Verpflichtungen verknüpft ist –, so ist auch eine Gemeinschaft durch das bestimmt, was sie (oder ihre Mitglieder) über die eigene Vergangenheit weiß. Das bedeutet nicht, dass in einer Familie oder in einem Verein völlige Einigkeit darüber herrschen muss, wodurch eine Gemeinschaft oder ihre Geschichte (die es häufig nicht gibt) charakterisiert ist, um als solche zu gelten. Gleichwohl muss bei den Mitgliedern ein Minimalkonsens darüber bestehen, was die Kollektivität ausmacht. Der Philosoph Alasdair MacIntyre entwickelte den Begriff von den »lebendigen Traditionen«, der darauf hindeutet, dass Traditionen etwas ganz anderes sind als Konsens und simple Wiederholung der Vergangenheit. Er definiert eine lebendige Tradition als »ein historisch erweitertes, sozial verkörpertes Argument, insbesondere einzelne Einheiten betreffend, welche diese Tradition bezeichnen«.[72] Es mag seltsam erscheinen, eine Tradition als ein historisch erweitertes »Argument« zu definieren, doch dies weist darauf hin, dass jede Tradition – zum Beispiel der politischen Zusammenarbeit, der Ausbildungspraxis oder der künstlerischen Aktivität – eine fortlaufende Diskussion darüber beinhalten muss, was sie ist und wie sie legitimiert oder verändert werden kann. Traditionen sind nicht monolithisch und unveränderbar (das gilt nur für tote, historische Traditionen), sondern lebendige, bewegliche und dynamische Größen.

In dem Augenblick, in dem wir an solchen Traditionen teilhaben – im Familienleben, in der Ausbildung, in der Kunst, bei der Arbeit, beim Sport etc. –, werden wir zu Menschen. Wir können uns nur selbst begreifen, wenn wir die Traditionen kennen, von denen wir uns ableiten und in denen wir unsere Existenz leben. Eine ganz banale Erkenntnis, die wir in unserer Begeisterung für die Zukunft jedoch häufig vergessen: Ohne aus der Vergangenheit stammende Traditionen existiert nichts Sinnvolles. Jede Bedeutung und jeder Sinn, die eine Handlung oder ein Kulturprodukt haben können, knüpft an eine historisch entwickelte Praxis an. Deshalb sollten Sie lernen, sich auf die Vergangenheit zu besinnen, um sich selbst als kulturelles und historisches Wesen zu verstehen. Nur dann können Sie etwas finden, auf dem sich fest stehen lässt.

Gemäß dem Stoiker Seneca vertieft sich nur der übermäßig Aktive nicht in die Vergangenheit: »Dem Geschäftvollen gehört also bloß die Gegenwart, die so kurz ist, daß man sie nicht erfassen kann, und gerade sie entzieht sich den nach so vielen Seiten hin Zerstreuten«, schreibt er. Will man überall gleichzeitig sein, kann man nirgendwo festen Halt finden. Seneca fährt fort: »Die Sache eines ruhigen und sorglosen Gemüthes ist es, alle Theile seines Lebens zu durchlaufen; die Seelen der Geschäftvollen können sich, als ob sie unter dem Joch wären, nicht wenden und zurückschauen. Ihr Leben ist also in die Tiefe entschwunden ...« Das Gute an der Vergangenheit laut Seneca: »... aber die [Tage] der vergangenen Zeit werden sich alle, sobald du es verlangst, stellen und sich nach deinem Belieben beschauen und festhalten lassen; dies aber zu thun, fehlt es den Geschäftvollen an Zeit.«[73]

Daher ist es wichtig, dass Sie sich nicht nur auf Ihre eigene Vergangenheit besinnen, sondern auch auf die Vergangenheit der Kultur, in die Sie eingebettet sind. Noch besser wäre es, wenn Sie lebendige Traditionen praktizierten. Wenn Sie zum Beispiel ein Handwerk oder ein Instrument lernen, werden Sie verstehen, dass dies nur möglich ist, weil die spezifische Praxis eine lange Geschichte hat, die Sie pflegen und weiterentwickeln, sobald Sie Aspekte dieser Praxis aufgreifen und wieder erschaffen. Lebendige Traditionen zu praktizieren heißt, an die historische Tiefe, die unser Leben hat, erinnert zu werden. Auf diese Weise lernen Sie auch, dass sich alles nicht unbedingt immer vorwärts bewegt. Beispielsweise sind wir heute nicht in der Lage, Violinen zu bauen, deren Qualität den Instrumenten entspricht, die vor über 300 Jahren in Stradivaris Werkstatt entstanden sind. Heute sehen wir uns nicht nur außerstande, entsprechende Instrumente zu bauen, sondern wir können kaum überhaupt noch Gebrauchsgegenstände produzieren, die 300 Jahre oder länger halten (und im Lauf der Zeit vielleicht sogar noch besser werden). Unser Fokus auf die Zukunft ist kurzsichtig und beschränkt sich meist nur auf unsere eigene Lebenszeit. Sollten Sie einmal eine Stradivari in den Händen halten dürfen, denken Sie an den famosen Instrumentenbauer, der diese Violine erschaffen hat, und an die vielen tüchtigen Musiker, die sie im Lauf der Jahrhunderte spielen durften. Zugegeben: Ich nehme hier Zuflucht zu einem höchst banalen Konservatismus. Das aber lässt sich angesichts massenproduzierter Waren von heute kaum umgehen.

Falls Sie nicht so viel Glück haben sollten, Zugang zu lebendigen Traditionen dieser Art oder zu Gemeinschaften im Rahmen von Kunst oder Musik zu erhalten, können Sie aber trotzdem etwas tun. Wie ich zu Beginn des Kapitels schrieb: *Wiederholen Sie sich selbst, so oft es geht. Suchen Sie nach Vorbildern, die sich bewährt haben. Bestehen Sie auf dem Recht, stillzustehen.* Manchmal kann es ganz unterhaltsam sein, in Gesprächen mit begeisterten, zukunftsorientierten Bekannten darauf zu insistieren, dass früher alles besser war. Natürlich ist das nicht (ganz) zutreffend, kann aber als nützliches Korrektiv für das entgegengesetzte Dogma verwendet werden, nämlich, dass etwas zwangsläufig gut ist, weil es neu ist. Oder dass wir einfach »downloaden« können, was wir im Augenblick benötigen, ohne uns der Vergangenheit bewusst zu sein. Wiederholung und Traditionen können sehr wertvoll sein, wohingegen Neuschöpfungen mitunter problematisch sind.

Auch wenn ich Gefahr laufe, noch mehr Verwirrung zu stiften, will ich doch hinzufügen, dass im Grunde genommen auch alle Wiederholungen Neuschöpfungen sind. Wenn ich zum Beispiel unterrichte oder einen Vortrag halte, wiederhole ich mich häufig. Gleichwohl ist jeder Vortrag ein einzigartiges Ereignis, mit dem eine ganz eigene Stimmung verbunden ist. Und hat man zum Beispiel zwei Kinder, würde man auf die Geburt des dritten wohl kaum mit den Worten »Sieh an, noch eins« reagieren. Wenn wir Kinder bekommen, wiederholen wir uns in gewisser Weise selbst. Aber jede Wiederholung ist immer auch einzigartig, und jedes neue Kind bedarf der Pflege und Aufmerksamkeit, die seinen individuellen Bedürfnissen entsprechen. Elternschaft ist eine lebendige Tradition. Und gute Eltern (vielleicht Ihre eigenen?) können als existenzielle Vorbilder dienen, die sich bewährt haben. Denn in einer verpflichtenden Beziehung zu Individuen (Kindern), für die man Verantwortung trägt, kann man sich kaum etwas Wichtigeres als »das Bewährte« vorstellen. Geht es um Verantwortung für andere Menschen, ist Stabilität wichtiger als Flexibilität.

NACHWORT –
STOIZISMUS IN EINER
BESCHLEUNIGTEN KULTUR

Nachdem Sie die sieben Schritte in diesem Buch absolviert haben, besteht wohl kein Zweifel mehr daran, dass Sie nun besser in der Lage sind, dem manischen Entwicklungsimperativ der Gegenwart zu widerstehen. Sie haben sich hoffentlich eine Reihe von Begriffen angeeignet, mit denen Sie diejenigen Aspekte der Kultur benennen können, die in vielen von uns ein diffuses Unbehagen wecken. Hoffentlich können Sie sich nun auch kritisch von der »beschleunigten Kultur« distanzieren, in der die Geschwindigkeit ständig zunimmt und das Menschheitsideal aus einer unverbindlichen und relativ unverpflichteten Person besteht. Also aus einem eher flexiblen als stabilen Menschen. Mehr als je zuvor erlebt es dieser Mensch, für sein Schicksal und für seinen Erfolg im Dasein selbst verantwortlich gemacht zu werden. Das Ideal ist das starke Individuum, das sich selbst kennt, das sich selbst (und sein Selbst) ins Zentrum rückt, das in sich hineinfühlen und seine persönlichen und emotionalen Kompetenzen sowohl in Arbeitszusammenhängen als auch im Privatleben – dazu gehört auch das Liebesleben – ausschöpfen kann, um seine Ziele zu erreichen. Dieser Mensch muss seine Richtung im Leben allein finden – ebenso wie die Kriterien zur Bewertung von Erfolg oder Misserfolg seiner Vorhaben –, weil alle Antworten aus dem Inneren kommen sollen. Dafür kann er sich Therapie, Coaching und Beratung erkaufen, wodurch er besser in die Lage versetzt werden soll, in sich hineinzufühlen, positiv zu sein und sein volles Potenzial zu realisieren. Zahlreiche Selbstentwicklungstechniken sind in verschiedenen sozialen Arenen institutionalisiert, wie etwa – abgesehen von der ganzen Selbsthilfe-Industrie – in Mitarbeiter-Entwicklungsgesprächen und Kursen zur Persönlichkeitsentwicklung.

Hoffentlich haben Sie sich durch die Lektüre dieses Buches nicht nur eine Sprache angeeignet, mit der Sie diese Aspekte der Zeit ausdrücken und somit Ihr Unbehagen in Worte fassen können, sondern auch Techniken, die Ihnen dabei helfen, Halt und Standhaftigkeit zu finden, anstatt sich permanent weiterzuentwickeln. Sie haben gelernt, wie wichtig es ist, weniger in sich hineinzufühlen, sich stärker auf das Negative zu fokussieren, den Nein-Hut aufzusetzen, ihre Gefühle zu unterdrücken, ihren Coach und (andere Selbstentwicklungsakteure) zu feuern, die Selbsthilfeliteratur in den Mülleimer zu werfen und stattdessen Romane zu lesen sowie sich stärker auf die Vergangenheit als auf die Zukunft zu besinnen. Als Gegenentwurf zum derzeit aktuellen Entwicklungszwang habe ich natürlich ein ziemlich negatives Bild gezeichnet. In diesem Sinne läuft das Gegenbild Gefahr, ebenso verzerrt wie der positive Kult um das Selbst, das Innere, das Gefühlsleben, die Authentizität, den Ja-Hut und die Selbstentwicklung zu werden. Meine Hoffnung ist es jedoch, dass man die Absurdität in den herrschenden Ideen der beschleunigten Kultur umso besser wahrnehmen kann, indem der Gegenentwurf so präsentiert wird, wie ich es getan habe. Es ist nämlich tatsächlich absurd, nur flexibel, ständig positiv und zukunftsorientiert zu sein und sein eigenes Selbst ins Zentrum des gesamten Daseins zu rücken. Es ist sogar nicht nur absurd, sondern hat schädliche Konsequenzen für die zwischenmenschlichen Beziehungen, weil andere Menschen dabei schnell auf Instrumente reduziert werden, die bei der Jagd des Individuums nach Erfolg zum Einsatz kommen, anstatt Ziele an sich zu sein, denen man ethisch verpflichtet ist. Allerdings muss ich einräumen, dass es auch an sich absurd wird, wenn man ständig negativ sein, immer den Nein-Hut tragen und seine Gefühle unterdrücken soll.

Im Grunde genommen ist mein Blickwinkel pragmatisch: Nichts ist im absoluten Verstand immer gut. Abgesehen von übergeordneten, selbstverständlichen und völlig abstrakten Ideen (wie etwa, dass man seine Pflicht tun soll[74]) gibt es keine Lebensphilosophie oder -ethik, die immer wahr ist. Der Kern des Pragmatismus als Philosophie lautet: Ideen sind Werkzeuge, die Menschen entwickelt haben, um die Probleme des Daseins zu lösen. Ändern sich die Probleme, müssen wir auch die intellektuellen Werkzeuge auswechseln, mit denen wir versuchen, unser Leben zu handhaben.[75] Dieses Buch geht nun genau von der Annahme aus, dass sich die Probleme des Daseins in den letzten 50 Jahren verändert haben. Bestand das Grundproblem des Menschen früher darin, in seinem Leben übermäßig starr verankert zu sein – und in höherem Maße über Stabilität anstatt über Flexibilität zu verfügen –, ist das Problem heute, dass der Mensch übermäßig beweglich geworden ist. Dies habe ich in Schritt 4 als den Unterschied zwischen der früher existierenden *Verbotskultur* (in der die kulturelle Moralität um diverse Regeln angeordnet ist, die nicht gebrochen werden dürfen) und der heutigen *Gebotskultur* (in der der grundlegende Ethos Entwicklung, Umstellung und Flexibilität fordert) beschrieben. Früher bestand das Problem des Menschen darin, dass er zu viel wollte. Heute ist das Problem, dass er in einer Gesellschaft, die immer mehr fordert, niemals genug erreichen kann.

In Bereichen wie Ökonomie und Ökologie werden regelmäßig die »Grenzen des Wachstums« hinterfragt. Gleiches sollte für menschliche und psychologische Anliegen gelten. Gibt es Grenzen dafür, wie viel Nutzen der Mensch aus Wachstum und Entwicklung ziehen kann? Meine Antwort lautet natürlich ja. Der Negativismus dieses Buches – seine antithetische Beziehung zu allem, was mit Entwicklung und Positivität verbunden ist – hat meiner Ansicht nach in einer Zeit der ungehemmten Wachstumsphilosophie durchaus eine Berechtigung. In erster Linie möchte ich mit diesem Buch den Zweifel als legitime und notwendige Tugend in unserer modernen Gesellschaft etablieren. Zweifel daran, inwieweit das Selbst Dreh- und Angelpunkt des Daseins sein kann und sollte. Zweifel daran, inwieweit (Selbst-)Entwicklung an sich überhaupt gut ist. Und Zweifel daran, ob die vorherrschenden Ideen unserer Zeit menschenfreundlich sind.

Ist der Zweifel eine Tugend, muss er sich natürlich auch gegen die Empfehlungen dieses Buches richten. Der wesentliche Zweifel, den ich an diesen Empfehlungen habe, lautet, ob und inwiefern die negativistische Alternative des Buches nicht stillschweigend die individualistische Prämisse akzeptiert, die von ihr kritisiert wird. Laufe ich dabei nicht Gefahr, das Individuum noch weiter zu belasten, indem ich es seiner eigenen Verantwortung unterstelle, die Introspektion einzustellen, den Nein-Hut aufzusetzen usw.? Dieser Einwand wäre durchaus berechtigt, wobei ich in diesem Buch, wie gesagt, den Versuch unternehme, der Selbstentwicklungslogik zu folgen – nur mit umgekehrten Vorzeichen –, um deren Absurdität zu demonstrieren. Vermutlich lassen sich die Probleme des Planeten weder mit positiver noch mit negativer Denkweise an sich lösen, dennoch glaube ich, dass eine stoische Besinnung auf das Dasein als eine Art Medizin gegen den ausufernden Konsum- und Entwicklungszwang dienen kann. Mit dieser Medizin könnten natürlich nur Symptome behandelt werden, und es müssen andere Diskussions- und Handlungsformen (politisch, ökonomisch etc.) hinzukommen, um das heiße Eisen anpacken und die großen Probleme der Zeit im Hinblick auf globale Krisen der ökologischen und finanziellen Systeme sowie des dazugehörigen Wachstumsparadigmas erörtern zu können. Ich hoffe, dass dieses Buch zumindest ein wenig dazu beitragen kann.

Stoizismus

Im Lauf dieses Buches bin ich wiederholt auf den römischen Stoizismus zurückgekommen und habe an vielen Stellen die meiner Ansicht nach sehr klaren Gedanken aufgegriffen, die insbesondere von Marcus Aurelius, Epiktet und Seneca formuliert wurden. Ich hoffe jedoch, Sie als Leser können nun verstehen, dass mein Verhältnis zum Stoizismus (egal, wie sehr ich diese Philosophen auch bewundere) letzten Endes pragmatisch ist. Anders ausgedrückt, meine ich nicht, dass es dienlich wäre, zu fragen, ob der Stoizismus im absoluten Sinne – zu allen Zeiten und an allen Orten – wahr ist, doch ich halte es für sinnvoll, zu erwägen, inwieweit diese Philosophie angesichts heutiger Probleme von Nutzen sein kann. Und ich bin davon überzeugt, dass diese »Anti-Selbsthilfephilosophie« nützlich ist. Einerseits, weil sie eine Lebensphilosophie ist, die Wert legt auf Selbstbeherrschung, Pflichtgefühl, Integrität, Würde, Gemütsruhe sowie den Willen, sich mit sich selbst abzufinden (anstatt sich zu finden). Und andererseits, weil viele der Stoiker sich damit auseinandergesetzt haben, wie diese Lebensphilosophie ganz konkret in das Alltagsleben der Menschen eingebettet werden kann. Beispielsweise in Form von Techniken, die ich erwähnt habe, etwa die negative Visualisierung (sich vorstellen, das zu verlieren, was man besitzt) oder die projektive Visualisierung (eine Perspektive gewinnen, indem man sich vorstellt, dass Ereignisse nicht einem selbst, sondern anderen widerfahren). Die Stoiker legten Wert auf Vernunft und glaubten, die tiefste Freude am Dasein könne erreicht werden, indem man dem Unvermeidlichen in die Augen blickt: dass das Leben endlich ist und wir sterben werden.

Grundsätzlich ist der Mensch verletzbar und kein sich selbst vertrauendes starkes Individuum. Wir kommen als hilflose Kinder zur Welt, werden häufig krank und vielleicht alt und hilflos, und schließlich sterben wir. So ist die Realität des Daseins, doch ein Großteil der westlichen Philosophie und Ethik basiert auf der Idee vom starken, autonomen Individuum, unterschlägt dabei aber unsere Existenz als verletzbare und zerbrechliche Wesen.[76] Der Stoizismus fußt auf dem *Memento mori*-Konzept, das mit einer sozialen Disposition und einem Gefühl für Pflicht einhergeht. Zwar sind wir verletzbar und sterblich, doch sind wir dabei nicht allein. Diese Erkenntnis sollte Solidarität wecken und zur Fürsorge für unsere Mitmenschen anregen. Im Grunde genommen hoffe ich, dass Ihnen diese 7-Schritte-Anleitung dabei helfen kann, Ihre Pflicht zu tun. Im Kern sollte sich das Leben nicht um triviale Zerstreuungen oder pubertäre Identitätsexperimente drehen, sondern um die Erfüllung der Pflicht. In dieser Hinsicht ist der Stoizismus nützlich, weil er das mehr als jede andere Philosophie, die ich kenne, zu seinem praktischen Dreh- und Angelpunkt gemacht hat. Vielleicht hat dieses Buch nun Ihr Interesse an einer zusammenhängenden Darstellung stoizistischer Gedanken geweckt, weswegen ich zum Schluss noch kurz die wichtigsten stoischen Denker und ihre Ideen vorstellen möchte.

Der griechische Stoizismus

Der römische Stoizismus ist heutzutage am besten bekannt, und auf diese Philosophie habe ich in meinem Buch verwiesen. Der Stoizismus wurde indes im antiken Griechenland geboren und gehörte dort zu einer der vielen konkurrierenden philosophischen Schulen. Diese Schulen griffen auf verschiedene Art und Weise die von Platon und Aristoteles entwickelten grundlegenden philosophischen Denksysteme auf und entwickelten viele dieser Ideen weiter zu praktischer Lebensphilosophie. Der erste Stoiker war Zenon (333–261 v. Chr.). Er kam nach einem Schiffsunglück von Zypern nach Athen und traf zufällig auf Krates, einen Vertreter der sogenannten zynischen Schule. Zynismus bedeutete damals etwas völlig anderes als heute. In Griechenland waren die Zyniker daran interessiert, sich von der Abhängigkeit von der materiellen Welt mit all ihrem Luxus und ihren Statussymbolen zu befreien. Sie wanderten umher und lebten in Armut und Askese. Der berühmteste aller Zyniker ist Diogenes, der bekanntermaßen in einer Tonne wohnte und sich nicht im mindesten um gängige Konventionen und Ambitionen scherte.[77]

Zenon wurde Krates' Schüler, interessierte sich aber immer mehr für theoretische Ideen und nicht nur für die äußerst extreme asketische Lebensweise der Zyniker. So formte er den ursprünglichen Stoizismus als eine praktische und theoretische Philosophie. Das Wort *Stoizismus* stammt vom griechischen Wort für Säulengang, *stoikos*, ab, da die Stoiker sich an einem Ort in Athen trafen, der *Stoa poikile* genannt wurde, was »bunter Säulengang« bedeutet. Der Stoizismus ist also nach einem Stadtteil benannt. Der Stoizismus entsprang der Askese des Zynismus, wirkte aber auch abwandelnd auf sie ein. Zenon – wie die späteren Stoiker auch – lehnte die guten Dinge im Leben nicht völlig ab, sondern versuchte die Menschen darauf vorzubereiten, dass sie diese Dinge eines Tages verlieren würden. Die Idee lautete, dass also grundsätzlich nichts an gutem Essen oder einer behaglichen Wohnung auszusetzen sei, solange man danach trachtete, von diesen Dingen nicht abhängig zu werden. Zenon verknüpfte die praktische Philosophie, wie etwa die Ethik, auch mit theoretischen und wissenschaftlichen Disziplinen wie Logik und Physik (die damals eher eine Art Kosmologie war). Dies unterstreicht das Interesse des Stoizismus am Menschen als Vernunftswesen, d.h. als ein Wesen, das nicht nur mit Trieben und Instinkten ausgerüstet ist, sondern die Vernunft bis zu einem gewissen Grad dazu verwenden kann, das Triebleben und die Instinkte im Zaum zu halten, wenn sich dies als zweckdienlich erweist. Und das betrifft viele Zusammenhänge, solange man sich ein gutes Leben wünscht. Ein gutes Leben zu bekommen ist das eigentliche Ziel bei Zenons Stoizismus (und auch bei späteren Stoikern), wobei »gutes Leben« damals etwas völlig anderes bedeutete als heute. Heutzutage wird der Begriff am ehesten mit Hedonismus verbunden, also einer Philosophie der Lust, bei der man ein Leben mit guten, spannenden und abwechslungsreichen Erlebnissen verbringt. Für die griechischen Stoiker war das gute Leben – *eudaimonia* – vielmehr mit einem Verständnis von einem tüchtigen Leben verbunden, d. h. einem Leben in Übereinstimmung mit der Ethik. Nur dies war ein Leben, in dem die Menschen im eigentlichen Sinne erblühen und ihre Menschlichkeit realisieren konnten.

Tugend war für die Stoiker kein Bestandteil der Sexualmoral (so wie wir heute etwas archaisch von einer »tugendhaften Frau« sprechen). Die Tugenden umfassten alle Charaktereigenschaften, die den Menschen dazu in die Lage versetzten, in Übereinstimmung mit seiner Natur zu leben. Auf diese Weise kann der Begriff »Tugend« auf alle Lebewesen und im Grunde genommen auch auf alles angewendet werden, das eine Funktion hat. Die Tugend des Messers ist es, zu schneiden, und es ist ein gutes Messer, wenn es gut schneidet. Die Tugend des Herzens ist es, das Blut durch den Körper zu pumpen, und es ist ein gutes Herz, wenn es gut pumpt. Entsprechend ist der Mensch gut, wenn er das, zu dem er seiner Natur gemäß bestimmt ist, gut macht. Aber wozu sind wir naturgemäß bestimmt? Hier folgten die Stoiker Aristoteles und Platon und definierten, dass die Funktion des Menschen darin bestehe, seine Vernunft zu nutzen. Die Anwendung der Vernunft ist das Ziel des Menschen, weil keine anderen lebendigen Wesen über diese Form von Vernunft verfügen, wie sie der Mensch sein Eigen nennt. Wir sind dazu in der Lage, in sprachlichen Begriffen zu denken und zu reden, wir können logisch argumentieren, und wir können Vernunftsprinzipien (Gesetze) für das menschliche Zusammenleben ausformen. Deshalb können wir uns auch vom Triebleben, mit dem wir als biologische Wesen ausgestattet sind, distanzieren (und dieses bis zu einem gewissen Grad unterdrücken). Soweit bekannt, ist kein anderes Wesen dazu in der Lage. Auch nicht alle Menschen sind gleichermaßen dazu imstande, aber indem man seine Tugenden pflegt, kann man vielleicht sogar zu einem stoischen Weisen werden, der anderen als Beispiel dient. Ist man dazu befähigt, seine Vernunft auf diese Weise anzuwenden, wird man gemäß den Stoikern seine Pflicht tun können, weil man deutlicher erkennt, welche Handlungsweise in einer gegebenen Situation am ehesten die moralisch korrekte darstellt, ohne länger von seinen egoistischen Gefühlen oder Trieben geblendet zu sein. Die Vernunft ist somit sowohl theoretisch (zum Beispiel, wenn sie in Disziplinen wie Logik oder Astronomie Anwendung findet) als auch praktisch (d. h. sowohl individuell als auch kollektiv) an guter Lebensweise orientiert. Der Mensch ist das vernünftige Tier – ein *Zoon politikon,* wie Aristoteles es definierte –, also ein gesellschaftliches Wesen, das insbesondere kraft der Gesetze eine vernünftige soziale Ordnung herstellen kann.

Nach Zenons Tod übernahm Kleanthes (331–232 v. Chr.) die Rolle des Anführers der stoischen Schule. Er wurde von dem etwas bekannteren Chrysippos (282–206 v. Chr.) abgelöst, der viel dazu beitrug, den Stoizismus zu einer populären Lebensphilosophie zu machen. Nach seinem Tod gelangte das stoische Gedankengut auch nach Rom (um ca. 140 v. Chr.), wo Panaitos (185–110 v. Chr.) den römischen Stoizismus begründete und sich mit bekannten römischen Persönlichkeiten wie Scipio Africanus (einem der berühmtesten Heerführer, der unter anderem Hannibal besiegte) anfreundete. Durchaus bemerkenswert ist, dass der Stoizismus als Philosophie bei vielen maßgeblichen Mitgliedern der römischen Gesellschaft auf so viel Interesse stieß. Insbesondere gilt das natürlich für Marcus Aurelius, den berühmten römischen Philosophen-Kaiser. Als der Stoizismus nach Rom kam, wurde die griechische Hervorhebung der Bedeutung der Tugend um den Aspekt der Sinnes- oder Gemütsruhe ergänzt. Zwar waren auch die römischen Stoiker von der Bedeutung der Tugend und Pflichterfüllung überzeugt, sie betrachteten jedoch die Sinnesruhe als eine Voraussetzung dafür. Pflichterfüllung war ohne Gemütsruhe kaum denkbar, weswegen jene als wichtiger Schritt auf dem Weg zur Tugend angesehen wurde.

Mit dem Übergang vom griechischen zum römischen Stoizismus ging auch ein gesteigertes Interesse an Logik und Physik einher. Die griechischen Stoiker hatten sich die Welt als eine zusammenhängende Einheit vorgestellt – als einen Kosmos – und waren, philosophisch betrachtet, Monisten, d. h. sie glaubten, dass alle fundamentalen Dinge aus ein und demselben Stoff zusammengesetzt seien. Dies galt ebenso für ihre Psychologie (die Lehre von der Seele). In dieser Hinsicht deckt sich der Stoizismus in gewisser Weise sogar mit der modernen Wissenschaft, welche die Idee vom Vorhandensein grundsätzlich verschiedener Substanzen in der Welt (zum Beispiel Seele versus Körper) verworfen hat, wenngleich die Stoiker in diesem Punkt nicht immer klar und eindeutig waren. Andererseits geht die moderne Wissenschaft – und damit meine ich das gesamte wissenschaftliche Weltbild, das bereits mit Galilei zu Beginn des 17. Jahrhunderts und später mit Newton Form annimmt – in anderen Zusammenhängen auf Konfrontationskurs mit dem Stoizismus.

Nicht zuletzt hinsichtlich der stoischen Idee, dass der Zweck der menschlichen Existenz unmittelbar an die menschliche Natur geknüpft sei bzw. aus ihr abgeleitet werde. Die moderne mechanische Naturwissenschaft verneinte nämlich die Vorstellung der Griechen, dass Zweck, Sinn und Wert in der Natur überhaupt zu finden seien. Die Natur wurde stattdessen als mechanisches System betrachtet, das nach bestimmten Prinzipien von Ursache und Wirkung funktioniert, die in Naturgesetzen ausgedrückt werden können. Das Buch der Natur ist in mathematischer Sprache geschrieben, wie Galilei es so poetisch formulierte. Sofern Zweck, Sinn und Wert überhaupt vorhanden sind, dann nur als psychologische Projektion auf eine Natur, die diese Eigenschaften an sich nicht besitzt. Ohne näher auf diesen Zusammenhang eingehen zu können, sehen wir aber hier, dass der naturwissenschaftliche Durchbruch und die »Entzauberung der Welt« (wie der Soziologe Max Weber es formulierte) gleichzeitig mit einer »Verzauberung« des menschlichen Geistes einhergehen. Hier, in der modernen Welt, müssen wir suchen, um wesentliche Aspekte des Lebens wie etwa Ethik und Werte finden zu können. Dies allerdings hat einen Preis, weil diese Aspekte subjektiv sind und sich dem Psychologischen zuneigen, was wiederum zu der Idee von der Bedeutung dessen führt, was im Inneren zu finden ist, oder zur Religion des Selbst, wie ich es in diesem Buch genannt habe. Wenn die »äußere Welt« keine Antwort auf die Fragen des Lebens geben kann (weil sie ein rein mechanisches System ist), müssen wir die »innere Welt« heiligen.[78]

Der Stoizismus bietet uns nun die Möglichkeit, die Welt als solche (und nicht nur die mysteriöse »innere Welt«)

abermals zu »verzaubern«, so dass wir nicht gezwungen sind, in unserem Selbst manisch nach Antworten darauf zu suchen, wie wir leben sollen. Natürlich können wir heute nicht einfach die vor 2500 Jahren im alten Griechenland entwickelte Kosmologie kopieren, sondern müssen uns ein eigenes Verständnis davon schaffen, wie »das Äußere« für uns Menschen richtungweisend sein kann. Die Botschaft dieses Buches – die so gesehen mit dem Stoizismus übereinstimmt – lautet also, dass wir vielleicht eine Art von Orientierungsfähigkeit im Hinblick auf die Fragen nach Sinn und Werten zurückgewinnen können, indem wir Traditionen, soziale Interaktionsformen und soziale Verbindungen, von denen wir selbst ein Teil sind, sowie die daraus entspringenden Verpflichtungen stärker berücksichtigen. Dies allerdings erfordert, dass wir unsere verzweifelte Konzentration auf das Innere und auf die Selbstentwicklung aufgeben und stattdessen lernen, uns in angemessener Weise mit den bereits existierenden sinnvollen Beziehungen in unserem Leben zu verbinden. Indem wir uns darauf besinnen, können wir vielleicht unsere Pflichten besser erfüllen, das Leben tugendhafter (im stoischen Sinne) und mit größerer Gemütsruhe führen und uns möglicherweise auch davon überzeugen, dass dies alles Sinn ergibt. Doch zunächst zurück zur Geschichte des Stoizismus und seiner Entwicklung in Rom.

Der römische Stoizismus

Die meisten Philosophen und Ideenhistoriker sind sich wohl darüber einig, dass Seneca, Epiktet und Marcus Aurelius die wichtigsten römischen Stoiker waren. Seneca ist vielleicht der berühmteste von allen, seine Schriften wurden in zahlreiche Sprachen übersetzt. Er wurde um das Jahr 4 vor Christus im spanischen Cordoba geboren und machte später als erfolgreicher Geschäftsmann Karriere in Rom, wo er auch als Senator wirkte. Vermutlich trug sein Reichtum dazu bei, dass er erst als Lehrer und später als Berater für Kaiser Nero tätig wurde. Vor dem Hintergrund einer der vielen politischen Intrigen jener Zeit wurde er im Jahr 41 nach Korsika verbannt und verlor sein Vermögen. Ihm wurde (wahrscheinlich unberechtigt) vorgeworfen, ein sexuelles Verhältnis mit einer Nichte des zu jener Zeit regierenden Kaisers Claudius zu unterhalten. Auf Korsika konnte Seneca sich in die Philosophie vertiefen und seine stoischen Gedanken entwickeln. Nach acht Jahren wurde er begnadigt und kehrte nach Rom zurück, wo er nach Neros Machtübernahme erst sein Lehrer und dann sein Berater wurde. Seneca beging im Jahr 65 auf Neros Befehl Selbstmord (weil Nero der Ansicht war, Seneca konspiriere gegen ihn). Abgesehen von Sokrates' Tod ist der Tod Senecas wohl einer der mysteriösesten in der Geschichte der Philosophie. Es heißt, er habe sich zunächst die Pulsadern aufgeschnitten und dann Gift zu sich genommen, ohne jedoch dadurch sterben zu können. Er sei erst gestorben, nachdem Freunde ihn in ein Dampfbad getragen hätten, wo er schließlich erstickte.

Senecas Schriften – aus denen wir in diesem Buch einige Zitate gelesen haben – sind ungeheuer praktisch und konkret. Typischerweise sind es Briefe an Freunde und Bekannte, in denen er Ratschläge erteilt und zu einer vernünftigen Lebensführung auffordert – stets unter Berücksichtigung der Endlichkeit des Lebens. Und fragte ein heutiger Leser Seneca: »Wie kann ich das Beste aus meinem kurzen Leben herausholen?«, würde die Antwort lauten, dass es nicht darum geht, so viel wie möglich zu erleben, sondern darum, ein Leben in Gelassenheit und innerem Frieden zu führen und seine negativen Gefühle so weit wie möglich zu kontrollieren. Senecas Schriften bieten eine Sichtweise auf das Menschengeschlecht, welche an diejenige erinnert, die fast gleichzeitig von Jesus von Nazareth gepredigt wurde, und nicht von ungefähr werden seine Gedanken oft mit denen des Christentums (allerdings ohne den metaphysischen Aspekt) verglichen.

Epiktet wurde um das Jahr 55 als Sklave geboren. Sein Besitzer diente als Sekretär des Kaisers, weswegen Epiktet vermutlich mit dem intellektuellen Leben am Hofe vertraut war. Nach Neros Tod wurde er in die Freiheit entlassen, was gebildeten und intelligenten Sklaven in jener Zeit häufiger widerfuhr. Er verließ Rom und gründete in Nikopolis im westlichen Griechenland seine eigene philosophische Schule. William B. Irvine berichtet, Epiktet habe seinen Schülern gewünscht, dass es ihnen schlecht ergehe, wenn sie die Schule verließen – als ginge man zu einem Arzt und fände heraus, dass etwas nicht stimmt.[79] Die Einführung in das stoische Denken und die Reflexion über die Kürze des Lebens gleicht somit keineswegs nur einem Tanz auf Rosen. Darüber hinaus drückte sich Epiktet in seinen lebensphilosophischen Ratschlägen ganz konkret aus und beschrieb alle möglichen Situationen und wie diese zu meistern seien – von Beleidigungen bis hin zu inkompetenten Sklaven. Wie bei den anderen Stoikern war es sein Ziel, in Würde und innerem Frieden zu leben, selbst dann, wenn das Leben Widrigkeiten bot. Dies kann erreicht werden, so Epiktet, indem man danach strebt, in Übereinstimmung mit der vernünftigen Natur des Menschen zu leben. Seine Vernunft anzuwenden heißt bei Epiktet unter anderem auch, zwischen dem zu unterscheiden, was man kontrollieren kann, und dem, worüber man keine Kontrolle hat. Sei man nicht in der Lage, etwas zu kontrollieren (zum Beispiel das Wetter, die Staatsfinanzen oder die eigene Sterblichkeit), so solle man sich darauf vorbereiten, wobei es Zeitverschwendung sei, sich darüber zu ärgern oder es zu fürchten. Vielmehr solle man lernen, sich aktiv zu den Dingen zu verhalten, die man beeinflussen kann – wie etwa ein großzügiger Mensch zu werden. Und um die Dinge voneinander unterscheiden zu können, bedürfe es einer ausreichenden Portion Vernunft.

Marcus Aurelius (121–180) ist als der Philosophen-Kaiser bekannt. Schon in seiner Kindheit war er an Philosophie und anderen intellektuellen Themen interessiert, bewahrte dieses Interesse auch in seinem erwachsenen Leben und nahm sich viel Zeit, um zu lesen und zu schreiben, auch wenn er in fernen Gefilden des Reiches an Feldzügen teilnahm. Marcus Aurelius war der beste und menschlichste Kaiser in der Geschichte Roms, vielleicht sogar der beste Kaiser überhaupt. Im Gegensatz zu vielen anderen Kaisern war er nicht an persönlichem Gewinn interessiert, sondern steuerte einen relativ sparsamen politischen Kurs, was unter anderem beinhaltete, dass er, um Kriege zu finanzieren, kaiserliche Besitztümer verkaufte, anstatt Steuern zu erhöhen. Der römische Historiker Dio Cassius schrieb, Marcus Aurelius habe sich von seinem ersten Tag in der Politik (wo er als Berater von Kaiser Antonius Pius diente) bis zu seinem Tod nicht im mindesten verändert. Er war demnach in hohem Maße fähig, seine Integrität zu bewahren, und lenkte das Reich auf der Grundlage dessen, was er für gut oder schlecht hielt. Er starb im Jahr 180 durch eine Krankheit und wurde von den Bürgern und Soldaten Roms betrauert. Sein Leben und sein Tod führten allerdings nicht zu einem gesteigerten Interesse am Stoizismus, da er seine Lebensphilosophie nicht als missionarische Aufgabe betrachtete, sondern sie mehr oder weniger für sich behielt. Seine bekannteste Schrift, *Selbstbetrachtungen,* erschien erst nach seinem Tod.

Wenngleich er nicht im engeren Sinne dem Stoizismus zuzurechnen ist, verdient doch ein weiterer Römer Erwähnung: Cicero (106–43 v. Chr.). Seine Schriften ragen aus der lateinischen Literatur heraus, er war bekanntermaßen Politiker und in die Ereignisse um Julius Cäsars Tod verwickelt. Im Folgenden nahm er Partei für Marcus Antonius, wofür er aber letztlich mit dem Leben bezahlte. In seinen Briefen und Texten bezeichnet er die Stoiker als »seine Alliierten« und zitiert Sokrates' Aussage, dass die Philosophie bedeute, sterben zu lernen. Das gute Leben und der gute Tod sind Hauptthemen bei Cicero, wobei sich sein Augenmerk stets auf das öffentliche Gute richtet. Sein Hauptwerk ist *De officiis* (Von den Pflichten), worin er – insbesondere im Hinblick auf Aristoteles' Definition des Menschen als rationales politisches Tier – fragt, welche Pflichten konkret damit verbunden sind, ein menschliches Wesen zu sein.

Angesichts des Unbehagens gegenüber dem Entwicklungszwang heutiger Tage – in denen Entwicklung jeder Richtung entbehrt und um ihrer selbst gefordert wird – ist es doch erfreulich, dass es Denker gibt, die schon vor mehr als zweitausend Jahren eine fruchtbare und durchdachte Lebensphilosophie entwickelt haben, die uns lehren kann, festen Halt zu finden und standhaft zu sein. Allein das

Wissen um diese Tradition wird Sie in die Lage versetzen, das Leben in der beschleunigten Kultur besser zu meistern. Sie werden Trost in dem Wissen finden, dass eine Alternative zu ewiger Positivität, Selbstentwicklung und der Jagd nach Authentizität existiert. Eine Alternative, die hervorhebt, dass das Beste am Menschen in seinem Pflichtgefühl, seinem inneren Frieden und seiner Würde zu finden ist. Obwohl es natürlich im Denken der Stoiker viele Dinge gibt, die wir heute nicht exakt übernehmen können – weil ihre Philosophie dem Leben im antiken Rom und Griechenland so konkret angepasst war –, glaube ich doch, dass ihr übergeordneter humanistischer Blick eine Wiederauferstehung in unserem 21. Jahrhundert verdient, in dem wir mehr als je zuvor lernen müssen, standhaft zu sein.

ANMERKUNGEN

Vorwort

1   Mein Interesse für diesen Bereich entstand vor ungefähr zehn Jahren, als ich zusammen mit Cecilie Eriksen die frühe kritische Arbeit *Selvrealisering – kritiske diskussioner af en grenseløs udviklingskultur* (Selbstverwirklichung – Kritische Diskussion über eine unbegrenzte Entwicklungskultur), Klim, Aarhus 2005, redigierte.

Einführung – das Leben auf der Überholspur

2   Der Begriff wurde von dem Soziologen Zygmunt Bauman ins Spiel gebracht. Vgl. dazu sein Buch *Flüchtige Moderne,* Suhrkamp, Frankfurt am Main 2003, sowie eine Reihe später erschienener Bücher, in denen u. a. Liebe, Angst, Kultur und das Leben an sich im Licht der »flüchtigen« Metapher analysiert werden.

3   Vgl. dazu meine Analysen im Buch *Identitet – udfordringer i forbugersamfundet* (Identität – Herausforderungen in der Konsumgesellschaft), Klim, Aarhus 2008.

4   Dies wurde von dem Soziologen Hartmut Rosa nachgewiesen in *Beschleunigung und Entfremdung – Entwurf einer kritischen Theorie spätmoderner Zeitlichkeit,* Suhrkamp. Berlin 2013. Ich selbst habe das Phänomen beschrieben in einem Beitrag zu *Nye perspektiver på stress* (Neue Perspektiven zum Thema Stress), redigiert von Malene Friis Andersen und Svend Brinkmann, Klim, Aarhus 2013.

5   Der dänische Soziologe Anders Petersen hat dies vielfach beschrieben, vgl. dazu den Artikel »Authentic self-realization and depression«, in: *International Sociology,* 26/2011, S. 5–24.

6   Der Begriff der reinen Beziehung wurde von Anthony Gibbens eingeführt, u. a. im Buch *Modernity and Self-Identity. Self and Society in the Late Modern Age,* Polity Press, Cambridge/Oxford 1991.

7   Vgl. Zygmunt Bauman, *Flüchtige Zeiten. Leben in der Ungewissheit,* Hamburger Edition, Hamburg 2008.

8   Für eine Einführung mit Fokus auf dem Stoizismus als praktische Philosophie vgl. William B. Irvine, *A Guide to the Good Life – The Ancient Art of Stoic Joy,* Oxford University Press, Oxford 2009.

1. Hören Sie auf, in sich selbst hineinzublicken

9 http://www.telegraph.co.uk/finance/businessclub/management-advice/10874799/Gut-feeling-still-king-in-business-decisions.html.

10 Vgl. Philip Cushman, »Why the self is empty«, in: *American Psychologist,* 45/1990, S. 599–611.

11 Søren Kierkegaard, *Entweder–Oder. Ein Lebensfragment,* Leipzig 1885. S. 476 f.

12 Vgl. dazu den Artikel des Arztes Arthur Barsky, »The paradox of health«, in: *New England Journal of Medicine,* 318/1988, S. 414–418.

13 Vgl. http://www.information.dk/498463.

14 Honneth formuliert den Gedanken in verschiedenen Schriften. Als Beispiel angeführt sei hier der Artikel »Organized self-realization«, in: *European Journal of Social Theory,* 7/2004, S. 463–478.

15 Vgl. für eine Analyse dieser Entwicklung: Luc Boltanski/Eve Chiapellos, *The New Spirit of Capitalism,* Verso, London/New York 2005.

16 Richard Sennett hat in vielen Büchern darauf hingewiesen. Am bekanntesten ist *Der flexible Mensch. Die Kultur des neuen Kapitalismus,* Berlin Verlag, Berlin 1998. Der Paradoxe hervorrufende Charakter des Spätkapitalismus wurde von Martin Hartmann und Axel Honneth analysiert im Artikel »Paradoxes of capitalism«, in: *Constellations,* 13/2006, S. 41–58.

17 Jean-Jacques Rousseau, *Bekenntnisse,* Insel, Frankfurt am Main 1959, S. 7.

18 William B. Irvine, *A Guide to the Good Life – The Ancient Art of Stoic Joy,* Oxford University Press, Oxford 2009, vgl. insbesondere Kapitel 7.

2. Fokussieren Sie sich auf das Negative in Ihrem Leben

19 Vgl. den Artikel »The tyranny of the positive attitude in America: Observation and speculation«, in: *Journal of Clinical Psychology,* 58/2002, S. 965–992.

20 Dies wurde u. a. von Barbara Ehrenreich aufgegriffen und kritisiert in dem Buch *Bright-sided – How the Relentless Promotion of Positive Thinking Has Undermined America,* Metropolitan Books, New York 2009.

21 Vgl. Levines Beitrag auf http://www.madinamerica.com/2013/12/10-ways-mental-health-professionals-increase-misery-suffering-people/.

22 Dazu habe ich mich eingehender geäußert im Kapitel »Den positive psykologiske filosofi: Historik og kritik« (Philosophie der Positiven Psychologie: Geschichte und Kritik), in: *Positiv psykologi – en introduktion til videnskaben om velvære og optimale processer* (Positive Psychologie – Einführung in die Wissenschaft von Wohlergehen und Optimale Prozesse), Hans Reitzels Forlag, Kopenhagen 2008. Seligmans bekanntestes Buch ist *Der Glücks-Faktor,* Bastei Lübbe, Bergisch Gladbach 2005.

23 Vgl. Rasmus Willig, *Kritikkens U-vending* (Die Kehrtwende der Kritik), Hans Reitzels Forlag, Kopenhagen 2013.

24 Der Artikel in der *Berlingske Tidende* ist (auf Dänisch) nachzulesen unter: http://www.b.dk/personlig-udvikling/positiv-psykologi-er-ikke-alltid-lykken.

25 Deutsche Fassung von: http://www.lederweb.dk/Personale/Medarbejdersamtaler-MUS/Artikel/79932/Vardsattende-medarbejderudviklingssamtaler.

26 Barbara Held, *Stop Smiling, Start Kvetching,* St. Martins Griffin, New York 2001.

27 Das übersetzte Zitat stammt aus Irene Oestrichs Selbsthilfebuch *Bedre selvværd: 10 trin til at styrke din indre GPS* (Erhöhtes Selbstwertgefühl: 10 Schritte zur Stärkung Ihres inneren GPS), Politikens Forlag, Kopenhagen 2013, S. 193.

28 Vgl. dazu William B. Irvine, *A Guide to the Good Life – The Ancient Art of Stoic Joy,* Oxford University Press, Oxford 2009, S. 69.

29 Seneca, »Epistulae morales«, zitiert aus: *Seneca zum Vergnügen,* Reclam, Ditzingen 2014, S. 169.

30 Vgl. dazu Oliver Burkeman, *The Antidote: Happiness for People Who Can't Stand Positive Thinking,* Canongate, Edinburgh 2012.

3. Setzen Sie den Nein-Hut auf

31 Per Schultz Jørgensen, *Styrk dit barns karakter – et forsvar for børn, barndom og karakterdannelse* (Stärken Sie den Charakter Ihres Kindes – eine Verteidigung von Kindern, Kindheit und Charakterbildung), Kristeligt Dagblads Forlag, Kopenhagen 2014. Das Originalzitat befindet sich auf S. 75.

32 Vgl. http://www.plan4u.dk/foredrag/på-med-ja-hatten/.

33 Vgl. Anders Fogh Jensen, *Projektsamfundet* (Projektgesellschaft), Aarhus Universitetsforlag, 2009.

34 Simon Critchley, *How to Stop Living and Start Worrying,* Polity Press, Cambridge 2010. Das Originalzitat befindet sich auf S. 34.

35 Nils Christie, *Små ord om store spørsmål* (Kleine Worte über große Fragen), Universitetsforlag, Oslo 2009. Das Originalzitat befindet sich auf S. 45. Mein Dank geht an Allan Holmgren, der mir dieses kleine, feine Buch vermacht hat.

36 Vgl. Richard Rorty, *Kontingenz, Ironie und Solidarität*, Suhrkamp, Frankfurt am Main 1989.

37 Hannah Arendt, *Vita activa oder Vom tätigen Leben*, Piper, München/Zürich/Berlin 2016, S. 354.

4. Unterdrücken Sie Ihre Gefühle

38 Dies ist auch eines der Hauptthemen in Søren Kierkegaards Schriften, u. a. in *Die Krankheit zum Tode*. Darin wird das Selbst als eine Beziehung definiert, die mit sich selbst verbunden ist. Zusammen mit dem norwegischen Psychologen Ole Jacob Madsen habe ich die der Schöpfungsgeschichte innewohnende Psychologie in dem Artikel »Lost in paradise: Paradise Hotel and the showcase of shamelessness« beschrieben, in: *Cultural Studies Critical Methodologies*, 12/2012, S. 459–467.

39 Vgl. Zygmunt Bauman, *Flüchtige Zeiten. Leben in der Ungewissheit*, Hamburger Edition, Hamburg 2008.

40 http://coach.dk/indlaeg-om-coaching-og-personlig-udvikling/lever-du-et-passioneret-liv/350.

41 Vgl. Eva Illouz, *Gefühle in Zeiten des Kapitalismus. Adorno-Vorlesungen 2004*, Suhrkamp, Frankfurt am Main 2006.

42 Richard Sennett, *Verfall und Ende des öffentlichen Lebens. Die Tyrannei der Intimität*, Fischer, Frankfurt 1986.

43 E. Harburg u. a. »Expressive/Supressive Anger-Coping Responses, Gender, and Types of Mortality: a 17-Year Follow-Up«, in: *Psychosomatic Medicine*, 65/2003, S. 588–597.

44 Christina Hoff Sommers/Sally Satel, *One Nation Under Therapy: How the Helping Culture is Eroding Self-Reliance*, St. Martin's Press, New York 2005, S. 7.

45 Vgl. R. Baumeister u. a., »Does high self-esteem cause better performance, interpersonal success, happiness, or healthier lifestyles?«, in: *Psychological Science in the Public Interest*, 4/2003, S. 1–44.

46 Vgl. Barbara Held, *Stop Smiling. Start Kvetching*, St. Martins Griffin, New York 2001.

47 Vgl. Seneca, *Von der Kürze des Lebens, Über den Zorn, Von der Muße*, Goldmann, München 1963.

48 Dieses Beispiel wird erwähnt in William B. Irvines *A Guide to the Good Life – The Ancient Art of Stoic Joy*, Oxford University Press, Oxford 2009.

5. Feuern Sie Ihren Coach

49 Diese Analyse basiert auf meinem Artikel »Coachificeringen af tilværelsen« (Coachifizierung des Daseins), in: *Dansk Pædagogisk Tidsskrift*, 3/2009, S. 4–11.

50 Religionssoziologen haben lange Zeit Begriffe wie »das sakralisierte Selbst« verwendet, um auf die Heiligung des Selbst in vielen aktuellen Verfahren wie etwa Therapie, Coaching und New Age zu verweisen. Vgl. z.B. Ole Jacob Madsen, *Det er innover vi må gå* (Nach innen müssen wir gehen), Universitetsforlaget, Oslo 2014, S. 101.

51 Dies war Hauptthema in Kirsten Marie Bovbjergs aufschlussreichen Studien über das Arbeitsleben, vgl. z.B. »Selvrealisering i arbejdslivet« (Selbstverwirklichung im Arbeitsleben), in: Svend Brinkmann/Cecilie Eriksen, *Selvrealisering – kritiske diskussioner af en grenseløs udviklingskultur* (Selbstverwirklichung – Kritische Diskussion über eine ausufernde Entwicklungskultur), Klim, Aarhus 2005.

52 Vgl. den Artikel in *Berlingske Nyhedsmagasin,* Nr. 31, Oktober 2007.

53 Vgl. Rasmus Willig, *Kritikkens U-vending* (Die Kehrtwende der Kritik), Hans Reitzels Forlag, Kopenhagen 2013.

54 Ich weiß, dass auch die Positive Psychologie empfiehlt, was im Englischen »random kindness« genannt wird, nämlich eine Art spontane und zufällige Wohltätigkeit. Die Motivation für den Spender besteht hierbei jedoch darin, ein gutes inneres Gefühl zu bekommen. Ich hingegen möchte den Wert der guten Handlung an sich geltend machen – ungeachtet der emotionalen Konsequenzen für den Spender. Man soll Gutes tun, weil es gut ist, und nicht nur, weil dadurch ein gutes Gefühl entsteht (wobei natürlich nichts dagegenspricht, wenn eine gute Tat auch von einem guten Gefühl begleitet wird).

6. Lesen Sie einen Roman – kein Selbsthilfebuch und auch keine Biographie

55 Vgl. Charles Taylor, *The Ethics of Authenticity,* Harvard University Press, Cambridge 1991.

56 Ich muss hier ergänzen, dass ich mit meiner Kritik nicht alle Biographien meine. Denn nicht alle sind linear erzählt oder inhaltlich trivial. Da ich selbst ein relativ eifriger Leser von (Auto-)Biographien bin, kann ich aber sagen, dass sie am besten funktionieren, wenn sie über die übliche Präsentationsform des Genres hinausreichen.

57 Vgl. Ole Jacob Madsen, *Det er innover vi må gå: En kultur-psykologisk studie av selvhjælp* (Nach innen müssen wir gehen: Eine kulturpsychologische Studie über Selbsthilfe), Universitetsforlaget, Oslo 2014.

58 Vgl. Thomas H. Nielsen, »En uendelig rekke af spejle – litteraturen og det menigsfulde liv« (Eine unendliche Reihe von Spiegeln – die Literatur und das sinnvolle Leben), in: Cecilie Eriksen (Hrsg.), *Det meningsfulde liv* (Das sinnvolle Leben), Aarhus Universitetsforlaget, Aarhus 2003.

59 Vgl. Kjærstads Artikel »Når virkeligheden skifter form« (Wenn die Wirklichkeit die Form verändert), in: *Information*, 30. November 2011.

60 Vgl. dazu »On the Genealogy of Ethics: An Overview of Work in Progress«, in: Paul Rabinow (Hrsg.), *The Foucault Reader*, Penguin, London 1984.

61 Die Lektüre von Houellebecq basiert auf einer früheren Analyse, die zu finden ist in meinem Buch *Identitet: Udfordringer i forbrugersamfundet* (Identität: Herausforderungen in der Konsumgesellschaft), Klim, Aarhus 2008.

62 Michel Houellebecq, *Elementarteilchen*, List, München 2001, S. 201.

63 Ebda., S. 14.

64 Ebda., S. 238.

65 Vgl. dazu meinen Artikel »Literature as qualitative inquiry: The novelist as researcher«, in: *Qualitative Inquiry*, 15/2009, S. 1376–1394.

66 Hubert Dreyfus/Sean Dorrance Kelly, *Alles, was leuchtet. Wie große Literatur den Sinn des Lebens erklärt*, Ullstein, Berlin 2014.

67 Vgl. Alain de Botton, *Trost der Philosophie. Eine Gebrauchsanweisung*, S. Fischer Verlag, Frankfurt am Main 2003.

7. Besinnen Sie sich auf die Vergangenheit

68 Das übersetzte Zitat stammt aus Simon Critchleys Buch *How to Stop Living and Start Worrying*, Polity Press, Cambridge 2010, S. 118.

69 Vgl. z. B. Thomas Thaulov Raab/Peter Lund Madsen, *En bog om hukommelsen* (Ein Buch über die Erinnerung), FADL's forlag, Kopenhagen 2013.

70 In Dänemark werden diese Perspektiven am besten von meiner Kollegin Prof. Lene Tanggaard vermittelt.

71 Paul Ricœur, *Das Selbst als ein Anderer*, Fink, Paderborn 2005.

72 Das übersetzte Zitat stammt aus seinem Buch *Whose Justice? Which Rationality?*, University of Notre Dame Press, 1988, S. 12.

73 Seneca, *Von der Kürze des Lebens,* aus: Ausgewählte Schriften des Philosophen Lucius Annäus Seneca. (Langenscheidtsche Bibliothek sämtlicher griechischen und römischen Klassiker in ... Musterübersetzungen; 105, 2), Hoffmann, Stuttgart 1867, S. 216 f.

Nachwort – Stoizismus in einer beschleunigten Kultur

74 Ich habe in diesem Buch wiederholt die Formulierung »seine Pflicht tun« verwendet, dabei aber offengelassen, was diese Pflicht beinhaltet. Meiner Ansicht nach ist Pflicht stets konkret und nicht abstrakt definiert. Menschen haben Pflichten aufgrund ihrer konkreten Beziehungen zu anderen Menschen. Man ist seiner Mutter, seinem Vater, seinem Chef, seinem Angestellten, seinem Lehrer, seinem Schüler etc. verpflichtet. In seinem Buch *Die ethische Forderung,* Laupp, Tübingen 1959, hebt K. E. Løgstrup hervor, dass man die Macht, die man unumgänglicherweise über andere hat, zu ihrem Besten und nicht zu seinem eigenen Besten ausüben soll. Der Begriff »ethische Forderung« ist eng mit dem Pflichtbegriff in diesem Buch verwandt und gleichermaßen offen wie konkret.

75 Der m. E. interessanteste Philosoph des Pragmatismus ist John Dewey, über den ich auch Artikel und Bücher geschrieben habe, z. B. (auf Dänisch) *John Dewey – en introduktion* (John Dewey – eine Einführung), Hans Reitzels Forlag, Kopenhagen 2006.

76 Dies ist ein Hauptthema in Alasdair MacIntyres Buch *Die Anerkennung der Abhängigkeit. Über menschliche Tugenden,* Rotbuch, Hamburg 2001, in dem er unsere Existenz als verletzbares, animalisches Wesen für die Entwicklung einer Ethik der Tugend ins Zentrum stellt.

77 Mein philosophiehistorischer Abriss basiert in erster Line auf Irvines *A Guide to the Good Life – The Ancient Art of Stoic Joy,* Oxford University Press, Oxford 2009.

78 Dieser Kontext wird besonders gut geschildert in Charles Taylors *Quellen des Selbst. Die Entstehung der neuzeitlichen Identität,* Suhrkamp, Frankfurt am Main 1996.

79 Vgl. William B. Irvine, *A Guide to the Good Life – The Ancient Art of Stoic Joy,* Oxford University Press, Oxford 2009.

173

DANK

Ich möchte mich bei Lise Nestelsø und Anne Weinkouff von Gyldendal Business für die Herausgabe der dänischen Originalversion bedanken, wenngleich das Buch in mancher Hinsicht einen Gegensatz zu vielen anderen Titeln im Verlagsprogramm darstellt. Aber gerade deshalb bin ich davon überzeugt, dass es hier seinen richtigen Platz gefunden hat, und ich bin dankbar für das mir entgegengebrachte Vertrauen. Der Entstehungsprozess des Buches hat insbesondere dank Anne, die eine großartige und hilfsbereite Leserin und Lektorin war, von Anfang bis Ende Spaß gemacht. Bedanken möchte ich mich außerdem bei Anders Petersen, Ester Holte Kofod und Rasmus Birk, die mit vielen wertvollen Kommentaren das Manuskript bereichert haben.